世界哲學家叢書

山 崎 闇 齋

岡田武彥 著

1987

東 大 圖 書 公 司 印 行

山崎闇齋

岡田武彥著

ⓒ 山崎闇齋

作　者　岡田武彥
發行人　劉仲文
出版者　東大圖書股份有限公司
總經銷　三民書局股份有限公司
印刷所　東大圖書股份有限公司
地址／臺北市重慶南路一段六十一號二樓
郵撥／〇一〇七一七五—〇號
初　版　中華民國七十六年十月
編　號　E 13002①
基本定價　肆元柒角捌分
行政院新聞局登記證局版臺業字第〇一九七號

東大圖書公司

《世界哲學家叢書》總序

　　本叢書的出版計劃原先出於三民書局董事長劉振強先生多年來的構想，曾先向政通提出，並希望我們兩人共同負責主編工作。一九八四年二月底，偉勳應邀訪問香港中文大學哲學系，三月中旬順道來臺，即與政通拜訪劉先生，在三民書局二樓辦公室商談有關叢書出版的初步計劃。我們十分贊同劉先生的構想，認為此套叢書（預計百冊以上）如能順利完成，當是學術文化出版事業的一大創舉與突破，也就當場答應劉先生的誠懇邀請，共同擔任叢書主編。兩人私下也為叢書的計劃討論多次，擬定了「撰稿細則」，以求各書可循的統一規格，尤其在內容上特別要求各書必須包括 (1) 原哲學思想家的生平；(2) 時代背景與社會環境；(3) 思想傳承與改造；(4) 思想特徵及其獨創性；(5) 歷史地位；(6) 對後世的影響（包括歷代對他的評價），以及 (7) 思想的現代意義。

　　作為叢書主編，我們都了解到，以目前極有限的財源、人力與時間，要去完成多達三、四百冊的大規模而齊全的叢書，根本是不可能的事。光就人力一點來說，少數教授學者由於個人的某些困難（如筆債太多之類），不克參加；因此我們曾對較有餘力的簽約作者，暗示過繼續邀請他們多撰一兩本書的可能性。遺憾

的是，此刻在政治上整個中國仍然處於「一分為二」的艱苦狀
態，加上馬列教條的種種限制，我們不可能邀請大陸學者參與撰
寫工作。不過到目前為止，我們已經獲得八十位以上海內外的學
者精英全力支持，包括臺灣、香港、新加坡、澳洲、美國、西德
與加拿大七個地區；難得的是，更包括了日本與大韓民國好多位
名流學者加入叢書作者的陣容，增加不少叢書的國際光彩。韓國
的國際退溪學會也在定期月刊「退溪學界消息」鄭重推薦叢書兩
次，我們藉此機會表示謝意。

原則上，本叢書應該包括古今中外所有著名的哲學思想家，
但是除了財源問題之外也有人才不足的實際困難。就西方哲學來
說，一大半作者的專長與興趣都集中在現代哲學部門，反映著我
們在近代哲學的專門人才不太充足。再就東方哲學而言，印度哲
學部門很難找到適當的專家與作者；至於貫穿整個亞洲思想文化
的佛教部門，在中、韓兩國的佛教思想家方面雖有十位左右的作
者參加，日本佛教與印度佛教方面卻仍近乎空白。人才與作者最
多的是在儒家思想家這個部門，包括中、韓、日三國的儒學發展
在內，最能令人滿意。總之，我們尋找叢書作者所遭遇到的這些
困難，對於我們有一學術研究的重要啟示（或不如說是警號）：
我們在印度思想、日本佛教以及西方哲學方面至今仍無高度的研
究成果，我們必須早日設法彌補這些方面的人才缺失，以便提高
我們的學術水平。相比之下，鄰邦日本一百多年來已造就了東西
方哲學幾乎每一部門的專家學者，足資借鏡，有待我們迎頭趕
上。

以儒、道、佛三家為主的中國哲學，可以說是傳統中國思
想與文化的本有根基，有待我們經過一番批判的繼承與創造的發

展，重新提高它在世界哲學應有的地位。為了解決此一時代課題，我們實有必要重新比較中國哲學與（包括西方與日、韓、印等東方國家在內的）外國哲學的優劣長短，從中設法開闢一條合乎未來中國所需求的哲學理路。我們衷心盼望，本叢書將有助於讀者對此時代課題的深切關注與反思，且有助於中外哲學之間更進一步的交流與會通。

最後，我們應該強調，中國目前雖仍處於「一分為二」的政治局面，但是海峽兩岸的每一知識份子都應具有「文化中國」的共識共認，為了祖國傳統思想與文化的繼往開來承擔一份責任，這也是我們主編《世界哲學家叢書》的一大旨趣。

傅偉勳　韋政通

一九八六年五月四日

自　序

　　要把握闇齋學的全貌不是一件容易的事。因為，在儒學方面，
闇齋繼承了朱子學而致力於把握朱子學的神髓，在神道方面，他
又集古往今來神道之大成，發展了理學神道，開闢了獨自的分野，
也就是說，闇齋在神儒兩方面都留下了偉大的業績。此外，他博
學多識，並以日常人倫的實踐及切實的體認為根本，他自己則採
取所謂「述而不作」的態度，不積極地表明自我的見解而以傳述
古聖先賢之言為重點，所以，我們如果不間接地憑藉著闇齋的門
人對闇齋學的深究及論述，我們就很難把握其精微神髓。闇齋學
的信奉者很多，可是，要同時研究神儒兩方面是很困難的，本書
也把重點放在儒學上，這是不得已的事。我個人認為闇齋學在日
本人的思想形成上會發生很大的作用，本書在解說方面雖嫌粗枝
大葉，但是，如果讀者能在這方面加以活用的話，則是我之幸也。

　　本書的出版是傅偉勳、韋政通兩教授大力促成的，另外還得
到日本西南學院大學王孝廉教授及夫人張桐生女士很大的幫助，
在此一併表示我由衷的感謝。

岡田武彥

一九八七年四月三十日

山崎闇齋 目次

一、略　傳

　　在德川幕府文教政策的確立以及發展上有過貢獻的林家，從
第一代的羅山，經過第二代的鵞峰，到第三代的鳳岡，一直都是
以一世宗師之脅君臨天下的，可是，在享保十七年（1732）鳳岡
去世後就一蹶不振了。天和、貞享年間（1681-1687），中江藤樹
的江西派，伊藤仁齋的堀河派，山崎闇齋的崎門派各以京都爲中
心互較長短。元祿、寶永年間（1688-1710），羅山之師藤原惺窩
的再傳門人木下順庵於江戶弘揚朱子學，門下大儒輩出，與林門
分庭抗禮。地方上也出現了中村惕齋、谷時中、野中兼山、安東
省庵、貝原益軒、山鹿素行等大儒，林門的影響力愈來愈淡薄。

　　闇齋不愧是一代傑儒，其風骨正似北宋之大慧宗杲，他的門
派裏面多胸懷大志的俊傑，具有睥睨其他諸派的氣勢，可說具有
風靡德川一代之勢。這也是闇齋學的風氣所帶來的結果吧！不過
闇齋學派並不是沒有流弊的，在《斯文源流》（《闇齋遺事》）
裏面，對闇齋及這一派的人有下面的批評。

　　　　闇齋自負過大，少謙恭之意，是其弊。至今日猶爲其徒之
　　　　通弊，上累及朱子。此爲天下之公論，不可掩者也。

這一派的門人正如上文所說，自負過剩，而且，閉門書寫師說，不讓他派的人閱讀，不能不說具有固守門戶之見的傾向。

闇齋名嘉，初名柯，字敬義，闇齋是其號，後又號垂加。幼名長吉，通稱清兵衞，後改爲嘉右衞門（加右衞門）。曾祖父叫淨榮，播州人，沒於播州的三木，生卒年月日不明。祖父叫淨泉，弘治三年（1557）生於播州宍粟郡山崎村，寬永元年（1624）歿於京都，葬在京都的知恩寺，享年六十八。二十四歲的時候出仕木下肥後守家定，家定後剃髮號茂叔淨英二位法印，淨泉因法印之命又取名左衞門。妻多治比氏，生於攝州西生郡中島村，生有三男，長男長吉，就是闇齋的父親。長吉幼名鶴千代，天正十五年（1581）五月四日生於泉州岸和田，延寶二年（1675）十月二十一日去世，葬於京都的黑谷山，享年八十八。當時，闇齋已五十七歲。長吉十一歲時仕法院，後繼續仕其嗣子利房，當時號稱三右衞門，後又稱清右衞門，辭官後遷居京都，改名淨因，以針醫爲業，生活清貧，妻是江州的安比路氏，生有子女四人，男女各二，闇齋是其末子。

闇齋（1618-82）於元和四年十二月九日生於京都，幼時字長吉，闇齋在自著的《家譜》中說，母親於夢中參詣比叡坂本的神社而懷孕。闇齋自幼敏慧穎發，八歲時已能暗誦《四書》及《法華八部》，人皆驚愕。父親是一個正直謙遜的人，母親非常嚴格，對兒女雖然垂以慈愛，但如遇兒女耽於遊憩或放縱飲食則必嚴以呵責，她曾訓誡兒女說：「餓鷹不啄穗，士大夫之子不可不高尙其志」。闇齋少年時非常頑皮，常在堀河橋上以長竿叩行人足使其墜落橋下，近邊住民抱怨連連，父親因以爲憂而送闇齋到比叡山延曆寺去當小僧。在寺中，闇齋常置書本於袖中，一有時

間就讀書，在待客送茶時遇有空閒也會把書本從袖中拿出來看。十三歲時，暗中閱讀天臺之秘書，大致通曉大意。一夜，於佛堂閱經，哄然大笑，師家驚問其由，對曰：「釋迦之說法盡妄言也」。下面是他十五歲時發生的事，據說他有一次下痢，蹲在厠所裏面，却仍然在朗誦書物。

　　闇齋自幼恃才傲物，惹人嫉妒，有人對他說，作詩須從師教，而示以平仄之準則，他回答說，吾以李、杜、蘇、黃爲師也，自此更加遭人忌恨。下面是闇齋十三歲時發生的事，當時，土佐公子山內湘南（康豐）住在妙心寺，一日遊比叡山，見闇齋神采秀逸，於是把他帶回妙心寺，碰巧土佐藩儒野中兼山爲了會見寺主也來到妙心寺，一見闇齋，驚異其才，於是勸其閱讀儒書。

　　闇齋於寬永九年（1632）入妙心寺剃髮爲僧，號稱絕藏主，但他仍然不改他平素無賴的舉動，一日，與同輩辯論，心中不服，晚上竟潛入這個同輩的寢室，點火燒他的紙帳子。寺主見他舉止狂妄，準備把他放逐出去，他聽到了以後却說：「如將我放逐，則放火把這個寺燒成灰燼」，寺中大懼。闇齋記憶力拔羣，一日，向寺主借來貴重的《中峰廣錄》，當時寺主勸誡他說，如果一味涉獵羣書而不解其中意思的話，則終必徒勞無益。可是，一個月以後，當闇齋送還這本書的時候，寺主試著問他首卷暗記了多少，他竟把整卷一字不差地全部背下來，而且還解釋了難解的地方，第二卷也是同樣的情形，寺主驚嘆不已，自此敬服。據說他讀《五燈會元》的時候也是三天就全部讀完了。下面大概是闇齋在京都教授門人時所發生的事情，根據《山崎先生遺事》的記載，有一次，當一個門人手拿毛巾服侍闇齋入浴的時候，偶而談到了梅花，闇齋竟順口吟誦了古人的梅花詩約五十四首。

寬永十三年（1636）十九歲的時候，闇齋寓居於土佐的吸江
寺，據說是爲了準備當寺主的後嗣。在那裏，闇齋與朱子學者野
中兼山及小倉三省等人成了親交。首先把朱子學帶到土佐的是禪
僧南村梅軒，他與鎌倉五山的僧人一樣，主張儒佛一致，認爲
兩者之間沒有區別，所謂南學（即南海的朱子學）就是始於梅軒
的。到了他的再傳門人谷時中的時候，南學已經有了鞏固的基
礎，其門下出了小倉三省、野中兼山等俊傑之士。闇齋接觸了時
中、三省、兼山等人而開始閱讀朱子的書，漸覺佛敎之非，於
是從佛敎轉向了儒敎。其中尤以兼山的影響爲大。根據《若林語
錄》（《山崎闇齋先生傳》所收）的記載，兼山見闇齋非凡人，
而將朱子的《語類》《文集》等拿給他看。當時，朱子的書非常
少，而兼山手中有許多朝鮮本，川口子深認爲闇齋之去佛歸儒就
是由於兼山的力量，他說：

> 以卓犖傑出之才講明朱子之書，破先輩之陋識，立紅幟於
> 天下。詩、易、論孟、學庸、近思錄、小學類始得撥開雲
> 霧而見靑天，其功可謂偉也。（《山崎闇齋先生傳》中所
> 引《斯文源流》）

根據山田思叔的敍述，闇齋雖然讀了朱子書而覺悟佛敎之
非，但仍繼續持戒，直到聽了谷時中爲兼山講義《中庸》之首章
才斷然破戒歸儒（《山崎先生年譜》）。闇齋爲什麼會奮然捨佛
而歸儒呢？這是因爲他有一天突然覺悟到佛於綱常倫理之外另立
敎訓說道是違背常理之事，天下之罪無大於此者。當時是寬永十
九年，闇齋二十五歲。土佐侯見闇齋捨佛歸儒而不悅，說他破壞

戒律擾亂寺法而要將他放逐，愛惜闇齋之才的兼山爲他說情而向
土佐侯說：「闇齋之志正大，其學乃純粹眞儒，實不宜放逐也」
（同〈闇齋行實〉），可是沒有爲土佐侯接受，闇齋不得已回了京
都，兼山可憐他沒有寄身之處，還買了房子給他，送他粟百石，
並且使門弟六、七人從學於他。這些事情雖然眞僞不明，可是，
後來闇齋於京都開講以後，兼山的門人數人離開了闇齋，兼山因
此憤然與闇齋絕交，闇齋寫了許多陳謝的書簡，可是沒有收到一
封回信。識者頗爲此事感到遺憾，認爲兼山對闇齋的知友之情畢
竟未能有始有終（〈行實〉）。若林強齋對當時的情形有下面的
記述。

> 此伯者（兼山）兼俱器量學力，又曾拔擢先生，惟性格乖
> 僻，漸煩與先生爲學友，遂遣家中人來與先生義絕，先生
> 端坐冥目不發一語，待彼方言盡時，先生曰，無他耶！彼
> 曰，無也，先生曰，善！先生之言止與平日無異也（《山
> 崎闇齋先生傳》中所引《若林子語錄》）。

闇齋成了儒學家以後取名清兵衞，正保三年（1646）二十九
歲的時候又改稱嘉右衞門，號闇齋，字敬義。那個時候，闇齋
專注於程朱之學，而以居敬窮理爲進德之根本，朱子自號晦庵，
闇齋的號與此有關也說不定。敬是程朱學所提倡的存養的要道，
義是人倫之中最受闇齋重視的地方，這就是他以敬義爲字的原因
吧！朱子最初傾心於禪，後歸於儒，終至排斥佛教，當時傾向於
禪的世風也因此轉向了儒。闇齋也鑑於時勢而痛感排斥佛教之需
要，於正保四年著《闢異》痛斥佛教之非。闇齋認爲，所謂道就

是綱常，也就是三綱（君臣、父子、夫婦之道）和五常（仁義禮智信）。然而，佛教却捨此而不顧，所以佛教之非不辯自明。可是，後世不明綱常之不可廢，世之所謂儒者，只知在記誦詞章上下工夫，而不明其中道理，於是人倫不明，以致於受惑於佛教。

以儒者自任的闇齋於慶安三年（1650）秋九月，開始設祠堂，造祖先之神位，並且尊從《文公家禮》，也就是朱子所著的家禮予以祭祀。這年多天十二月，爲朱子的以人倫爲教育重心的〈白鹿洞書院揭示〉作集註。第二年三十四歲的時候，爲了宣揚宋學開山祖周濂溪之學而著手編纂《周子書》，多十一月，爲朱子敍述居敬存養主旨的《敬齋箴》作了集註，並寫了附錄。闇齋曾經說過：「余不過四十而感有所得者，此朱子之力也」。第二年作《家譜》，又過了一年，也就是承應二年（1653）娶鴨脚氏，時闇齋三十六歲。據說他曾有一妾，但始終無子。

明曆元年（1655）三十八歲的春天，闇齋開講於京都，當時，四方來學的人很多。經書的講義從《小學》開始，接下來講《近思錄》、《周易本義》、《程氏易傳》，第二年多天十二月全部講完。闇齋在講解經書的時候，常以杖擊講席，聲大如鐘，面色嚴肅，聽講者皆凜然不敢仰視。在解釋文義時，必先提出要領，再深入淺出地詳說細處。所以，他講義時的樣子使人感覺有些像宋的程明道，比方說，明道在講義《詩經》的時候，不像他的弟弟伊川一樣詳細分析文義，而是吟哦上下使人領悟詩情。闇齋也有類似的情形，比方說，他講《論語》講到巧言令色章的時候，不對文義加以解釋，而只嗟嘆道：「誠然也，誠然也」（引《山崎闇齋先生傳》〈墨水一滴〉）。若林強齋曾說：

先生之講書因值草創時期，誠難謂有盡奧蘊，僅只披露大端而已也（《若林子語錄》）。

可見，闇齋的講義是採取一種提綱挈領的方式，到了他的弟子的時候，就變得精微了，尤其是三傑之一的淺見絅齋，很是繼承了闇齋的血脈，更開啓了其中的秘奧。所以，若林強齋接下來又說，

先生之奧旨藉絅齋而得以開啓，這件事是先生從前的弟子高田味白所說的，絅齋領悟先生之精微秘奧，發揮其大端，先生也說義理之精微在重次郎（絅齋）也。先生批簽絅齋之問仁義時，見絅齋熟讀朱子之字注，從中提出問題，甚褒美也。又于佐藤氏（佐藤直方）之仁說，謂，雖不差，然與事物離反，於深思熟慮選擇見取上，因合於理路，故並無牽強之處，然最終之領悟把握與絅齋相去甚遠也。如此之故，門人之中亦有嫉者，然心中仍以絅齋繼承先生之血脈而敬服也。

又，闇齋在師道上是絕對嚴格的，對門人細小的過失也不假辭色，在這件事上，有下面這段逸話：

一日，鵜飼金平服侍闇齋坐於講席，講義開始時，金平坐於眾人席，以剪刀磨指甲，闇齋睨視之，謂：「於講席磨爪，何事也」，金平慄然，眾人亦失顏色（《山崎闇齋先生傳》中所引《先達遺事》）。

　　根據三宅尚齋所說，聽講的人必須在巳刻以前到闇齋家集合，遲到者不得進門，尤其嚴禁僧侶入內。講義時，聲音宏大，傳於周圍，路人亦不覺爲之留步而於門外竊聽。（同《尚齋語錄》、《先達遺事》）。

　　佐藤直方說，當年師事闇齋的時候，要進入闇齋家中時，心緒惴惴如入牢獄，退出家外時不覺太息，恰如脫離虎口之心情（《先達遺事》）。淺見絅齋臥病吐血，久不痊癒，闇齋仍不斷促其勉學，楳元眞以絅齋病狀告闇齋，婉約地爲絅齋請假休息，闇齋不許，絅齋亦抱病就學如常，不久痊癒，闇齋喚元眞，謂：「安正（絅齋）本不死之人也，汝何故欲陷年少者於軟弱耶」，元眞退而嘆曰：「先生其刻薄哉」（同）。

　　佐藤直方從學於闇齋的時候，一日對絅齋說：「我等每日蒙先生怒罵，精疲力盡，如此終至於死也」，絅齋回答說：「自己也有同感，然今日海內，除此人則無可仰之師也。」二人終究同堅苦而師事闇齋也（同）。

　　闇齋生來急性子，尤其不悅門人之遲鈍，每予以責罵，只有在直方和絅齋與他談論玄理時才面露笑容（同）。

　　楢崎正員在闇齋門下擔任炊事，一日，於正屋束薪，闇齋命其速來跟前，正員應訊再拜曰：「今日天氣甚佳」，闇齋斥曰：「余未問天氣之事，何不卽刻質問疑難耶」（同）。

　　一次，書生提出訓詁的問題，闇齋只回說：「可查辭書也。」（同）。

　　門人中有明瞭闇齋說之奧蘊者，闇齋曾予以稱贊。一日，闇齋臥病於蚊帳中，備後福山家臣下永田（長田）養菴來訪，話及仁說，養菴予以詳細分析敍述，闇齋蹶然而起，急令侍者撤去蚊

帳，感歎道：「未想養菴已上達至此也」（《山崎闇齋先生傳》
中所引《永田養菴遺事》）。闇齋似曾有過傲慢不遜的舉止，比
方說有下面這段逸話。

　　後藤松軒聽闇齋講義的時候，一次，講義終了，闇齋回顧松
軒道：「和尚也懂嗎？」松軒憤慨不已，終生不讀闇齋之著書。
（《先達遺事》）。不過，闇齋的才能風貌又非常的傑出，在《先
達遺事》中有下面的記述。

　　三宅尚齋在品評闇齋的風貌時，有下面的話，

　　　　「淺見、佐藤乃吾黨之老賢，然淺見之嚴毅威重加上佐藤
　　　之俊異爽快亦不及闇齋也」。槙元真也曾說：「每次謁見
　　　闇齋，就會產生有如清水一般的瀟灑感，這是由於他平素
　　　之存養所致」。

從上面這些事情，我們大概可以想像闇齋的風姿。

　　萬治元年（1658）四十歲的春天正月，闇齋首次遊江戶，起
先寓居在村上勘兵衛的地方，笠間侯聞訊，要勘兵衛向闇齋傳達
欲招聘闇齋的意思，闇齋回答說：「未聞往教之禮，侯如有志為
學不可不來學也」，侯即日造訪闇齋，執弟子之禮，並約委以藩
政。闇齋為笠間侯校正《堯曆》，並寫序贈之。大洲侯也來學，
闇齋作《省齋記》贈之，又編修《加藤家傳》。這年秋天，闇齋
於回京都途中參拜伊勢神宮，第二年也在自江戶回來的途中參拜
了神宮，歸京後分別寫了旅行記《遠遊紀行》、《再遊紀行》。
此後每年遊江戶，闇齋的東遊大凡十數回，參詣了伊勢的皇太神
宮數回，此外，還參詣了多賀宮、八幡宮，也曾與父母同行。寬

文五年（1665）四十八歲的時候，應會津侯保科正之的招聘，東遊而當了他的賓師，其後，闇齋除了江戶以外，還跟從保科正之去了會津，闇齋仕會津侯前後八年，侯謙虛辭卑，待闇齋以厚禮，優遇他以國家老以上的資格，闇齋也由衷感銘，不負所托全力輔翼。侯崇尚儉約禁止奢侈，下通民情，關心眾生疾苦，為救濟饑饉而建社倉，行常平，又興廢祀，廢淫祀，治績斐然，這一方面固然是由於侯本身的器量所致，而在另一方面，闇齋的輔弼之功也是不可沒的。會津侯壯年時專注於儒教，他原來也想精究神道，惟不得其人也。

後來，會津侯聽說吉川惟足精通神道，命服部安休從學於他，安休回來後將大旨說給侯聽，侯大悅，招惟足至江戶，親自跟他學習。闇齋也信神道，對其意義大體已能領會，二人不約而相契，於是，侯每於聽惟足講道的時候，也要闇齋一起聽，聽完後，要闇齋發表自己的意見。此後，闇齋對神道之信奉愈深，他說，吾國與中國雖風俗各異，然道無二道，吾神代同於中國的三皇之世，故吾神武之功與中國堯舜之功同也，他有一次又說：

> 宇宙中只一理而已，神人與聖人出生之地域雖有東西之別，萬里相隔，然道為自然妙契之物，故吾人敬信神道也。

闇齋廣涉神書，校正諸傳，後又倡導垂加神道，並為門人著《風水集》、《風葉集》。又提出朱子《玉山講義》的重要性，認為這裏面包含有仁智之義和性命之旨的精髓，所以，有志於學者必須努力講求。於是，侯命闇齋編纂《玉山講義附錄》。

闇齋於寬文七年（1667）五十歲的春天閏二月遊江戶，同年

四月得病回京都。病中編纂《洪範全書》，秋九月完成。當時，醫師、門人都勸他停止學業專心養病，可是他說：「不將此書完成死也不瞑目」，仍不停地日夜校讎，當書完成的時候，病也好了。寬文八年五十一歲的時候，於江戶著《仁說問答》。第二年，也就是寬文九年（1669）春三月，奉會津侯之命爲侯所編纂的《伊洛三子傳心錄》寫了序。闇齋認爲楊龜山、羅豫章、李延平繼承了程門的靜坐法，所以會津侯才編纂了這本書。一日，侯問闇齋：「於今之世，讀此書而明其義者其誰哉」，闇齋舉出了福山永田（長田）養菴的名字，據說，自此以後，侯每見闇齋必問養菴之安否。養菴是福山藩的儒官，性灑脫，人謂其具有孔子門人、氣象超脫的曾點之遺風。養菴初見闇齋時，稱讚闇齋說：「豪爽博覽，世無比肩者，求諸於古人亦不可多得也」。

　　這年夏天五月，闇齋著《小學蒙養集》、《大學啓蒙集》。他主張讀《小學》的人只要讀朱子的舊本就夠了，他排斥諸家註解，只採用正文及本註，並加以校正授諸門人。第二年的夏天又校正了《近思錄》，不採葉氏的《集解》而回復了朱子之舊。

　　闇齋於前一年，也就是寬文九年秋八月參拜了伊勢神宮，並從大宮司精長那裏接受了《中臣祓》，這年冬天閏十一月間到京都，爲土佐光起畫了父親的壽影，並贊曰：「一視同仁，家君之壽影，於我尤親」。第二年，闇齋之姊去世，寬文十一年（1671）母親去世，三年後，父親去世，這年冬天，闇齋在江戶接受惟足傳授吉田家神道，並被授以垂加靈社之號，他在自贊中寫道：

　　　　神垂祈禱，冥加正直，吾願順守，終身不背。闇齋當時是五十四歲。

寛文十二年（1672）五十五歲的時候，會津侯歸藩，闇齋也
跟隨他遊了會津，這年九月，從公歸江戶，十一月聞父病，急歸
京都，這時，江戶的會津侯已臥病在身，病中仍不忘要闇齋講義
《近思錄》《通鑑目錄》等，在這年十二月終於與世長辭，會津
侯對闇齋始終篤信不移，並以身體力行闇齋學的精神，他死的時
候，我們可以想像闇齋是多麼的悲傷。第二年的延寶元年（1673）
闇齋赴會津親臨會葬，並爲會津侯作〈壙誌〉及〈行狀〉、〈碑
銘〉。

自此以後，闇齋退居京都，在家裏教授子弟，門徒很多，據
說大約有六千人。並且從這個時候開始專心於編著。闇齋意志強
靭，從來不因生病而停止學習，闇齋自己說，他在少年的時候，
得了一種口渴的病，每天要喝兩升多開水，在疲勞得厲害而無法
坐起來的時候就把頭縛在柱子上讀書。別人勸他應該休養不可太
糟蹋身體，他說：「生死有命，如荒廢學業，即使長壽，又有何
益？」一刻也不懈怠。闇齋又說，當時如此多病，自以爲恐怕活
不到三十，不想如今已過六十，仍無事無災，根據我過去的經
驗，雖有人說，勵於學業則易罹病，我不信也。

然而，闇齋畢竟沒有勝過病魔，天和二年（1682）六十五歲
的春天，終成臥病之身。但是，在這個時候，他仍然繼續校訂
他所編纂的周程張朱四子的手抄書及《文會筆錄》二十卷。《文
會筆錄》也可以說是闇齋的讀書錄，是他把在讀《四書》、《五
經》、《小學》、《近思錄》及四子書時所獲得的心得加以抄錄、
編纂而成的，全部都是以朱子學爲本。闇齋曾對門人說：

　　吾學宗朱子是尊孔子之故，尊孔子以其準天地也。中庸有

云，仲尼祖述堯舜，彰顯文武。竊以孔子朱子擬之，宗朱子非輕信朱子也，吾意以朱子之學在居敬窮理，卽祖述孔子而無差也，故學朱子而謬是與朱子同謬，又復何憾，此為吾信朱子，述而不作之由也，汝輩其堅守此意而勿失也。

闇齋臥病的時候，有下面這段逸話。

闇齋病重的時候，向來診的醫生問自己的生死，醫生回答說可以治好，可是，退出去以後，對門人說，必死也，此話傳到闇齋耳中，闇齋作色曰：「此醫者一派胡言，余不飲其藥也」。不管上面這段逸話真假如何，總之，充分顯出了闇齋剛毅的氣象。

闇齋於臨終的時候，洗手嗽口整衣，向東再拜祠堂，晏然端坐瞑目，時值秋九月十六日，同月二十日葬於紫雲山新黑谷先祖之墓地。墓表記著「山崎嘉右衞門敬義之墓」。門人春原信直曾建祠於下御靈社境內，但是後來與猿田彥合祀於庚申祠。因為闇齋生平崇敬猿田彥，以他為道學之祖，每於庚申之日必祭之。也有人主張，神道肇始於猿田彥，成立於舍人親王而經垂加（闇齋）之手得以發揚光大。關於闇齋臨終前後的模樣，在《闇齋先生易簀訃狀》中有詳細的記述。當時，照顧闇齋的門人曾以書簡向廣島的植田玄節報告前後的狀況，《闇齋先生易簀訃狀》就是將這些書簡編集而成的。此書後來經過藩末維新的平戶藩儒，又是崎門學者，也是楠本碩水的門人的岡直養氏以及闇齋的研究家，曾編修《闇齋全集》正續五冊的池上幸二郎氏的校正，於昭和十四年出版。闇齋晚年，對早年的著作有許多不滿意的地方，可是均未刪訂就去世了（以上參照山田思叔的《闇齋先生年譜》及《山

崎家譜》）。

　　闇齋因爲晚年提倡垂加神道，所以門弟一分爲三，有專門信奉儒學的，有信奉神道的，也有神儒兼學的。在《閑散余錄》（《山崎闇齋先生傳》）裏，對闇齋學傳承的情況有下面的記述。

　　　山崎闇齋悟孔孟程朱之道乃天下之正道，佛祖之道非正道，遂還俗而成儒士也（中略）。後又從吉川惟足學惟一神道，從出口延佳學伊勢流神道以致於力倡也。此時，正親町殿從闇齋門人學神道，闇齋撰述風水抄以進呈，正親町殿置此書於仙洞御覽。陸下（陸恐陛之誤，余錄作上皇）閱此書謂，此書所記皆要緊事，非容易之説，務必妥爲保存，勿妄以示人。自此，闇齋之神道又稱正親町流神道。故今之有志者先自正親殿入門，入門後再深究他自風水抄中省略節錄而傳授者，如天人唯一之傳，土金之傳等類。闇齋之學風多藉神道廣傳於奧州會津一帶。門人中多豪傑之士，如淺見安正、佐藤直方、三宅重固，此外尚有許多，皆分處各國，或有仕官者，其名廣傳。右之諸士著述亦多，淺見旁通神道，三宅不好神道，大凡人心如面，三人之説各有小異，至其門人則愈不同也。淺見著述之書，大抵博識，文亦不劣。佐藤既無文章又欠博覽，見識堅定但有孤峻固陋之弊。其流弊所至，門人之中終有隱於陸王之學者。三宅爲淺見、佐藤二子之後輩，應是闇齋晚年之門人，雖與二子爲友，亦受教於二子也，故日後二子雖絕交，而三宅終其身折中二子之説以爲用也。

　　闇齋之神道與他所主張的程朱理學有許多相符的地方，且

如二者之理相去甚遠的話，則以闇齋之氣象，不會去學習
神道也。彼家之神道有土金之傳，慎者近土，土能生金，
合於宋儒持敬、主一無適之說，又有天人惟一之傳，此亦
與宋儒之說相合。除此之外，還有許多類似之處。

從上面的記述我們也可以瞭解信奉程朱理學的闇齋爲何信奉神道
的理由了。

二、保科正之與闇齋

對闇齋與保科正之的關係，在前章已經說了一個大概，下面再稍微詳細的說明一下。

闇齋於萬治元年（1658）四十一歲的時候遊江戶，在江戶，先後受到了有賢君之名的常陸笠間侯井上正利及伊予大洲侯加藤泰義的招聘，從這年開始，每年都從京都上江戶，遊江戶以來第八年的寬文五年（1665），當時四代將軍家綱的叔父，也是將軍的輔佐，會津藩主保科正之招聘闇齋為賓師，這在略傳中已經提到過。當時，闇齋四十八歲，令名遠播，正之是五十五歲，而學德已達到相當圓熟的境地。正之在四十歲以前好老莊佛教而不信儒學，四十二歲時，讀朱子的《小學》而有所悟，因此燒却老莊佛書，開始信奉朱子學，其後，又聽了諸儒的朱子學講義而進一步深入鑽研。正之聽了闇齋的進講以後，對他特別禮遇，正之十幾年來因輔佐藩政而沒有囘封地會津，後來由於健康的關係於寬文九年（1669）隱退，隱退後仍力學不倦。闇齋在江戶的時候常寓居公邸侍於側近。公對闇齋敬信篤厚，闇齋亦感恩圖報。闇齋擔任正之的賓師前後八年，直到正之去世為止，其間進講的只有《四書》和《近思錄》，其中尤以《近思錄》花了很長的時間詳細進講。闇齋的進講固然不是記誦訓詁之學，公對闇齋之說也作

過評論，二人之間互相砥礪切磋，與其說是師弟，不如說是師友。

闇齋除了進講儒書以外，還在朱子學的書，所謂「三部御書」，也就是《玉山講義付錄》三卷、《二程治教錄》二卷、《伊洛三子傳心錄》三卷的編集工作上盡了輔翼之功，此外，還參加了《會津風土記》、《會津神社志》的編纂以及正之《家訓》的制定。

在神道方面，闇齋曾經學過伊勢神道，後來在會津，從吉川惟足那裏聽了卜部派吉田神道之傳，於寬文十一年（1671）接受了「垂加靈社」的神號，這在前面已經說過。據說，卜部家得到神籬磐境（神籬磐坂）之傳的人，在生前就授以靈社號。這個傳是卜部神道之極秘，被認爲是守護皇位之傳。正之公於闇齋接受神號的五天前，同樣從惟足那裏接受了在靈社號上位的土津神號，所以，闇齋大概也從正之公那裏學了神道吧！不過，闇齋仔細分辨兩派的長短，離開會津後，採其長所，並採用其他的神道而創了新的神道，闇齋認爲伊勢流神道偏向儒，卜部派的神道則折衷於佛教。

寬文十二年（1672）五月，正之公囘會津，闇齋也隨後去了會津，同年九月又隨公囘到江戶，十一月二日《近思錄》的講義完了以後得到父親生病的消息，匆忙囘了京都，公於十二月十八日因傷風去世，闇齋接訃訊慟哭，第二年三月前往會津參列公之葬禮，作〈壙誌〉在結尾記曰：

> 嘉，侍太守（正之公）至今十年，翼翼德容，溫溫辭氣，
> 音容宛在，感愴涕泣，故爲此壙誌。

三年後，土津神社建成並立碑，闇齋爲此撰〈碑文〉，接著寫了
公的〈行狀〉。延寶二年（1674）會津城內設置學問所，闇齋來
會津講義《大學》，並爲門人讀《玉山講義附錄》。正之公在世
的時候，會津藩出版了闇齋的《拘幽操》，後來與《敬齋箴》合
訂爲一卷出版，所以，會津藩士自來就受到了正之公及闇齋學風
的感化。闇齋作了會津藩主以下碑文數種，並依囑寫了《會津山
水記》、《會津八景詩並序》（以上參照前田恒治〈會津に於け
る山崎闇齋先生〉——《增補山崎闇齋と其門流》三六——五二
頁）。

三、對朱子學的宣揚

如衆所周知，闇齋的著作包括有關儒學的，有關神道的，訓點校刊及編次書等。基本的資料都收在《山崎闇齋全集》上下二卷及《續山崎闇齋全集》上中下三卷裏面。傳於世間的闇齋著作裏面有眞僞不明的，也有很明顯是僞書的。關於闇齋的著作，在《續山崎闇齋全集》的末尾所附的池上幸二郎氏的〈闇齋先生著書解說〉中有詳細的說明。池上氏將闇齋的著作分類爲著書、校刻訓點、表彰書、編次書、神道書、叢書、講義筆記、井上侯會津侯編纂書、存疑假托書、附錄和附記等項目加以解說，要知道詳細的內容可加以參考。研究闇齋的思想固然必須閱讀基本的資料，可是，他究竟宣揚、編纂和校刊過哪些東西也是非常重要的，不可予以忽視。在闇齋的著作裏面有關儒教的東西，以《文會筆錄》二十卷最爲重要。因爲朱子曾說：

> 近思錄善也，四子（四書）爲六經之階梯，近思錄爲四子之階梯也（《朱子語類》卷一〇五）。

而《文會筆錄》可以說是朱子學的階梯，古今無勝於此者。讀了此書，我們就可以知道闇齋的朱子學是如何的精透，而且不是其

他儒者所能追隨的，所以，他的門人以闇齋爲朱子以後的第一人，而其門流又壓倒其他門流獨占鰲頭，並不是沒有原因的。在池上氏對《文會筆錄》的解說裏面，有下面這段崎門派的稻葉默齋所寫的〈讀文會筆錄〉的文章，讀了這段文字，我們大致可以知道《文會筆錄》被認爲是朱子學的階梯的理由了。

> 此書看似博雜，其實頗爲簡約，在閱讀朱子書之際，如果不以此書爲導引的話，則無法把握主旨，亦不能有悟在心而加以應用。這本書在例舉事物或故實上，幾乎使人有太過於詳細的感覺，不過，這也告訴了我們，從明瞭具體的事物領會高深的精神才是讀書的目的和秘訣。

《文會筆錄》也可以說是闇齋的讀書錄，書中編集了有關朱子學的重要資料以及與朱子學派及朱子學有關係的資料，而且，在各處附上非常簡單的評語、註解或按文。讀了以後，我們就會知道闇齋是一個多麼博學高識的儒者，以及他是多麼努力的根據精準的考證，正確地整理資料，確實地把握朱子學的根本資料以宣揚朱子學的神髓。闇齋對朱子的尊崇裏面含有一份近乎宗教的熱情，可是，他並不完全妄信世間流傳的朱子之語，他是以合理的實證手法分辨其中的眞僞，而對朱子的眞說予以尊信並公諸於世。他從朱子的文集及語類當中指出什麼是朱子的未定說，明示語類記錄中的錯誤及刊誤，並從《朱子語類》裏面摘出俗語予以解釋，又列舉出諸書所引用的朱子的逸文，分辨其眞僞，同時還明確地指出他所敬慕的朝鮮朱子學的大儒李退溪之說的論據，這些都顯示出闇齋是一個善長於考證的學者。下面就舉一、兩個例

子來看看。

　　在《易》中持一陽來復之象的復卦的象傳中說：「復其見天地之心乎」，有關這個復的意思，道家的王弼認為這是靜處的工夫，宋的程伊川則認為這是動處的工夫，而算得上是伊川之師的周濂溪認為這是靜處的工夫。關於這件事，朱子在《語類》（卷七十一）中說：

　　　濂溪就坤上說就回來處說如云「利貞者誠之復，誠心復其不善之動而已矣」，皆是就歸來處說，伊川卻正就動處說。如元亨利貞，濂溪就利貞上說復字，伊川就元字頭說復字。以周易卦爻之義推之，則伊川之說為正，然濂溪伊川之說道理只一般，非有所異，只是所指地頭不同。以復卦言之，下面一畫便是動處，伊川云「下面一爻正是動，如何說靜得，雷在地中復云云」看來伊川說得較好。

從上面的敍述我們知道，朱子認為伊川的復的工夫在動處的說法符合了《易》的真意，而濂溪以復的工夫在靜處，在道理上與伊川的說法也並沒有什麼不同，朱子所以有這種看法，大概是因為朱子認為動靜雖然有別，可是儒者的工夫與道家一味沈潛於靜處的情形是大異其趣的吧，所以，我們可以說濂溪的靜處與王弼的靜處在本質上是不同的，可是，在上文的後面附有「王弼之說與濂溪同」八個字，闇齋對這八個字表示了他的異議如下：

　　　嘉謂，此末尾八字或記者之誤，或於下面應有「而旨異」三字。朱子甚譏王弼之說也（《文會筆錄》卷之十二）。

在《程氏外書》裏面記載了下面這段逸話，伊川因罪貶涪州，途中坐船渡漢江的時候，船行將顚覆，船上的人皆號泣，只有伊川神色自若，端坐不動。闇齋說，這段逸話在《邵氏聞見錄》《伊洛淵源錄》《王震澤語錄》中都有記載，闇齋又舉出了文字的異同，指出《伊洛淵源錄》《王震澤語錄》是根據了《邵氏聞見錄》的記載而認定了《聞見錄》作爲原始資料的價值，闇齋曾說：「余之筆錄等引用他書之處，未有不見本書而予以引用者，如無古書，則記明引自什麼什麼書，他日吟味，無一字之差也。」（近藤啓吾《山崎先生之風姿》──《日本》九月號），從這些事情，我們也可以想見闇齋的學者的態度。

上面也說過，闇齋藉着嚴密的考證辨明了朱子的成說，這也是《文會筆錄》之所以成爲朱子學的階梯的理由。闇齋曾說：「朱註有什麼可以指摘非難的地方呢？」（《全集》下，〈垂加文集拾遺上，四書末疏弁〉），從這句話我們也可以知道，在朱子的著作當中，闇齋最重視的是《四書》的本註。因爲，闇齋認爲，藉着《四書》的本註我們可以清楚地知道，在《文集》《語類》當中，什麼地方是在別有意圖下所發的議論，什麼地方是未定之說及記錄的錯誤等。在《四書》方面，朱註以後出現了眞德秀的《集編》、趙順孫的《纂疏》、倪士毅的《輯釋》、胡炳文的《通》、張存中的《通證》以及劉氏的《通義》等，後來，明胡廣等人又奉勅撰寫了《大全》，《大全》以後，朱註的疏出版了上百種。闇齋認爲，蔡清的《蒙引》算是其中的巨擘，林希元的《存疑》等完全是根據《蒙引》而來的。闇齋認爲，《大全》《蒙引》雖然是爲了解明朱註而著的，可是却反而於多處昏蒙了朱註的主旨。《大全》中所引用的程朱之說雖然於道無害，可是

有些地方與經書的意義有出入。如果我們先熟讀朱子的經書註，再讀程子、朱子的全書，那麼，一些別有意圖的議論，未定之說以及記錄的筆誤、印刷的錯誤等也就一目瞭然了（同）。闇齋就這樣的在朱註方面，詳細地檢討了元明諸儒的末疏以後，全部予以排斥。這是因為闇齋認為這些末疏雜說不僅比不上朱註的完備，還歪曲了朱子學的本旨。在後世的朱子學者當中也有人批判闇齋這種排斥元明諸儒末疏的態度，比方說，當時的崎門派朱子學者楠本碩水的講友並木栗水就是其中之一人，他是幕末維新的朱子學者大橋訥菴的門人，栗水對當時關東的崎門學是採取批判的態度的，他認為闇齋輕視末疏容易產生疏脫之弊而予以非難。（《朱子學大系》第十四卷〈幕末維新朱子學者書簡集〉，致楠本碩水書簡）。

　　闇齋對朱門弟子採取正面評價的有黃勉齋和蔡西山，對陳北溪則採取批判的態度。北溪和其他的門人不同，他對朱子的口述是以客觀的態度作條理分明的記錄，我們只要把《朱子語類》裏面所收的北溪的記錄拿來和其他門人的記錄比較一下就能一目瞭然了。朱子歿後，與朱門分庭抗禮的陸學派頓然衰退而朱門趨於隆盛，這在許多地方不能不歸功於北溪的駁斥陸學之功。北溪所著的《北溪字義詳講（性理字義）》為朱子學入門必備之書，明確地解說了朱子學的重要概念，這也促進了朱子學的普及，可是，闇齋批評這本書說：「甚無味也」（《文會筆錄》卷三），又說：「蓋此書有口耳之弊」（同），指摘此書有陷於雄辯的弊害，闇齋的朱子學是以至切的體認存養為主旨的，所以，他與倡導深切的體認之學的韓國朱子學者李退溪（滉）（1508-70）同樣排斥北溪的朱子學。淺見絅齋也批評北溪對理的解說過於理智。他說：

學者之本唯誠實也，不可專講道理，專講道理乃學者之病
也（阿部吉雄〈淺見先生學談〉──引自《日本朱子學と
朝鮮》三二三頁）。

淺見認爲，如果像紙上談兵一樣的來詮譯性理之說的話，那麼就
會「陷於雄辯而一世不知何謂道也」（〈絅齋學談〉）（同三二四
頁）。楠本碩水也在寫給並木栗水的書簡（《朱子學大系》第十
四卷〈幕末維新朱子學者書簡集〉）中說：

北溪長於義理之辯，終不免出於想像臆度，於性理字義亦
僅止於牽強附會，雖能朦瞞外行人，而畢竟無所得於心
也。

　　一般來說，崎門派有排斥北溪之學的傾向，這是崎門學不同
於其他朱子學派的一個特色，考察其原因，這也是由於他們以至
切的體認爲學問之宗旨的緣故。

　　到了明代，也因爲用於科舉的關係，朱子學流於記誦訓詁之
學而產生了弊端，不過，我們在明初朱子學大儒薛文淸、胡敬齋
等人身上仍然可以找到明代的特色，因爲他們比前人更加重視心
的存養，這也可以說是在無形中受了陸子心學影響的緣故。陸學
於宋末以來開始衰退，可是，自從宋亡於文化程度低的蒙古族以
後，由官僚知識階級所創出的理智而高貴深靜的文化漸趨退化，
庶民性、野逸性的成分自然而然地滲透進來，在這種情形下，當
時的朱子學者在無形中開始接受了陸學的影響，因爲，陸學以簡
易直截爲主旨，要藉着動的心的存養以達到「尊德性」，而朱子

學主要是要藉「問學」究明萬物之理而後可至其極，和朱子學比較起來，陸學更能適應當時的風潮，因此，從元代到明初，出現了提倡朱陸調和論的人，比方說，被認爲是元代大儒的朱子學者吳草廬接受了陸學而主張尊德性，另一朱子學者許魯齋也在實質上接受了陸學的東西，因此草廬說：「魯齋之學與余同調也」。而且，前面說的明初的大儒在表面上雖然確守了朱子學的特色以區別於陸學，可是，他們重視的是朱子學的存養工夫，也就是居敬，這與陸學是一脈相通的。後面還會提到，闇齋也提倡以敬爲主旨的朱子學，所以，闇齋重視文清和敬齋之學也是當然的事吧！不過，闇齋對他們的學問似乎有不滿意的地方，在《山崎闇齋語錄》（寫本）裏記載說：闇齋見到世上學習理學（宋學）的人讀文清的《讀書錄》，還努力要加以記誦，說：「毫無用處也」。這固然是闇齋見到世之朱子學者一味記誦，不務存養體認而加以責難，可是，從這件事我們也可以看出闇齋對文清之學還沒有到達傾倒的程度，對敬齋語錄《居業錄》，闇齋也表示了他的不滿。

> 敬齋之學雖未失之於正，然於博學不及丘瓊山，於見識又不及文清，居業這個語彙從修辭的觀點來看，亦不能免於矯揉做作（《續全集》中、〈朱易衍義〉三）。

闇齋在這裏提到的丘瓊山是一個博學多聞的大儒，他所著的《大學衍義補》繼承發展了眞西山的《大學衍義》，是繼眞西山之後對朱子的全體大用之學予以詳述的書物。朱子的全體大用之學是集北宋體用之學的大成之物，主張只有在人的心體純全的情況下，儒教之道才能在社會生活中產生具體而偉大的作用，兩者

是不可分離的， 所以必須講求社會生活上的具體之道。 朱子的
《儀禮經傳通解》就是在這種思想基礎下所著的。朱子的社倉法
也就是要把仁的精神發揮於儀饉救濟的設施上面，這也足以使我
們一窺朱子的全體大用的精神。西山的《大學衍義》、瓊山的《衍
義補》就是將這種朱子的全體大用之學加以引伸發揮而成的。闇
齋之學也有取之於瓊山的全體大用之學的地方，闇齋對瓊山的博
識與實學(科學技術之學)雖然頗爲心服，可是他認爲瓊山在心性
的透悟方面有不及文清的地方，也因此他對瓊山的《瓊臺會稿》
感到不滿（《強齋先生雜話筆記》六‧一一‧一二頁）。闇齋雖然
談論過朝鮮的儒者金宏弼、禹倬、鄭夢周、吉再、李晦齋等人，
可是，在朱子學者當中，他最敬慕的還是李退溪。他認爲退溪充
分把握了朱子的格致的主旨（《文會筆錄》卷三），他推崇退溪的
著作《朱子書節要》二十卷說：「李退溪平生之精力盡在此也」
（同，卷二十），他又說：「予閱退溪文集全四十九卷，實朝鮮第
一人也」（同）。《朱子書節要》是將朱子書簡中重要的地方予以
摘錄，並隨處附加註釋而成。其中並不只限於對人的訓戒勵責之
語，比方說，書中還採用了朱子給呂伯恭書簡中的一段話：

　　數日來、蟬聲愈清，每入耳卽思貴公之高風也。

雖然有人認爲選收這段話是沒有意義的，不過，就像楠本正繼在
《中國哲學研究》一書中所說的：

　　蓋人之所見趣好各異，余平生極好此也，每於夏日林間綠
　　陰處聞蟬聲亂鳴，心中未嘗不仰懷兩先生之風貌。 庭草

　　雖為無用之物，然每見之則思周濂溪庭前草與吾心同之語
也。

　　在《朱子書節要》中，採用了許多雖與訓戒警策無關，但能使人
心舒緩樂易，思慕起興的地方，使人讀後會思懷賢者於平日言動
遊息之際，待人接物時的一舉一動，其聲息容儀猶在眼前，在不
知不覺中使人產生悅悟欣適之意，思慕古聖先賢之道，進而激發
起欲罷不能的求道之心。（《退溪書抄》卷三、〈答南時甫〉。拙
著《江戶期の儒學》四一九頁）。由此可知，《朱子書節要》是
基於退溪的深切體認編纂而成的。所以，闇齋對此書加以推賞也
是理所當然的事。闇齋不用力於朱子學的解說，反而致力於朱子
的著作及有關著書的編纂工作，這大概也是受了退溪的影響吧！
把退溪朱子學的價值介紹到日本來的是開始於闇齋，自此以後，
崎門派的儒者多讀退溪的書，於是，朝鮮方面，退溪被認為是朱
子以後的第一人，而日本，闇齋是朱子以後的第一人。
　　如上所述，我們從闇齋對朱子後學者的論評，大致可以推察
闇齋朱子學的主旨。不過，要把握闇齋朱子學的特色，還必須充
分了解他的著作的性格，這是多少與其他儒者不同的地方。闇齋
的著作裏面，編著占了大部分，在很多時候，我們如果不藉着
這些編著就無法知道他的學風，所以，我們要把握闇齋學的特色
就必須閱讀他的編著的序文或跋文。闇齋的編著大致分為下面四
種：㈠原書的發行；㈡原書的復原以及為了達成朱子遺意而發行
的書籍；㈢抄略書的出版；㈣粹言、時文、論說的刊行。關於這
些編著的詳細解說，在此予以省略。

四、繼承朱子學的態度

　　前面也說過，闇齋致力於對朱子著作的宣揚工作，他把自己認爲能代表朱子學的神髓的東西從朱子的著書、文集、語類當中抄出來並加以編修。其中也有簡單地施以考註的。不過，主要還是以朱子之說爲中心，同時附上符合了朱子主旨的後學之說，用這些作爲解說來編修朱子的著作，換句話說，就是藉朱子自己的學說來對朱子的著作加上註或者傳。借用林恕（林鵞峰）的話就是：「以文公（朱子）之言演文公之言」（《玉山講義附錄》跋）。對朱子學的解明沒有比這樣做更正確的了。林恕認爲，《北溪字義詳講》的作者陳北溪雖然說是根據了師說來解釋朱子學的概念，可是，仍然不能免於介入私見（同）。闇齋對朱子學的解說是以朱子之言來解明朱子之說，所以沒有這樣的弊害。闇齋的這種方法就好像使朱子自墓中復活，讓他站在我們面前爲我們講解一樣。闇齋扮演了一個名助產婦的角色，巧妙地使朱子學起死回生。闇齋認爲，如果有人對朱子學唱反調，那是因爲他們不能夠真正理解朱子學的緣故。崎門派的久米訂齋說，元明諸儒之說所以異於程朱，是因爲他們沒有真正地理解朱子學（《山崎闇齋と其門人》二二九頁）。闇齋因爲深切地理解了朱子學的精神，所以才傾全力於朱子學的編著上吧！他這樣的理解是深入朱子的心

中，從內面去理解朱子學，也就是所謂的內面的理解，這樣的理
解如果缺少深入的洞察力與體認自得的話，畢竟是辦不到的。

闇齋曾說：「先生（朱子）實孔子以來第一人也」（《垂加
草》附錄下，〈答眞邊仲菴書〉），他對朱子的尊崇敬仰已經到
達了一種近乎宗敎式的信仰。因此，他對違背朱子之敎的事會感
覺到是犯了「狂者不遜（不善）之罪」（《垂加草》第十，〈近思
錄序〉）。闇齋爲什麼認爲朱子是孔子以來的第一人呢？崎門派
的尾藤二洲曾說：「邵（邵康節）至大，周（周濂溪）至精，程
（程伊川）至正，朱子致其大盡其精，貫之以正」（《素餐錄》
四九頁），這段話可以說把集北宋大儒之學大成的朱子之特色簡
明地表示了出來。朱子不僅集北宋大儒之學的大成，還致力於對
六經及孔孟、子思、曾子的遺經的解明和宣揚。闇齋認爲朱子是
集聖賢之道的大成，將刪述經典的孔子之功介紹給世人的第一大
功臣（〈答眞邊仲菴書〉）。在門人面前，孔子說他對古聖賢之
敎是「述而不作，信而好古」（《論語・述而篇》）。這句話也道
出了闇齋對朱子的態度。闇齋說：

> 要言之，朱子學之居敬窮理乃是祖述孔子而無違。故，學
> 朱子而謬是與朱子同謬，又復何慽？是故余信朱子「述而
> 不作」也（《闇齋年譜》）。

闇齋與一般的師儒不同，門人當中如有自創獨說而洋洋得意者，
則予以訓戒。在《山崎先生語錄》裏面有下面這段有趣的記載，

> 先生遇有發明者，則問，此有趣之處出於何書，其人曰此

為吾所發明，先生答曰，如此發明不可也，自覺有趣之事
不留聖賢之書也。

「述而不作」是崎門的家法，有大功於闇齋學的啓發和宣揚
的絅齋也似乎遵守了這個家法，據說他曾經說，

說到學問，無有勝於拾取嘉衞門殿（闇齋）之落穗，使勿
失其說也（《強齋先生雜話筆記》二）。

五、尊重人倫與排斥異端

　　明倫（彰顯人倫）、存養（以敬爲學問之本），以及通過實踐的體認，以這三者做爲朱子形而上學的始終，這就是闇齋學的特色了。闇齋的尊重人倫與他對佛教的批判有很密切的關係，因爲他自覺人倫的重要性並深切地感覺到異端的輕視人倫是有悖人性的。前面也提到過，闇齋對佛教開始產生懷疑是在他十九歲的時候，他在那年遊土佐，在吸江寺結交了野中兼山和小倉三省等人，以他們爲媒介而開始接觸了朱子的綱常倫理之學。山田連的《闇齋先生年譜》（《日本儒林叢書》卷三）中也記載說，寬永十九年二十五歲時「逃佛歸儒」，在這以前，闇齋雖然已經讀了朱子之書而覺悟佛教之非，但是仍然遵守着佛教的戒律。當他聽了谷時中爲野中氏講義《中庸》的首章以後，才斷然歸於儒教。闇齋著《闢異》排斥異端是在正保四年，三十歲的時候，那個時候，他大概已經持有了異端輕視綱常有悖人性而必須斷然予以排斥的信念。近藤啓吾氏也曾經指出過，闇齋在他萬治元年四十一歲時所著的《大和小學》裏面，提到黃檗希運遺棄慈母乘舟而去，母親悲而自殺的事，希叟紹曇對這件事予以稱贊，以爲這是一種活機，闇齋則不以爲然，他舉出違反後醍醐天皇之意，離棄妻子父母而出家的藤房爲例子說：「藤房爲高才所誤，陷於不孝

之身而不覺，誠可憐也」，對希運「蹴殺慈母」的態度加以痛烈的
批判。在《文會筆錄》（卷十六）裏面也有根據諸書考察了希運
之事的記事，接下來他提到王質對父母不敬的事，並引用了《朱
子語類》（卷一二六）裏面朱子痛論佛法忽視父母之禍的話（詳
見近藤啓吾〈山崎闇齋と白鹿洞書院揭示〉──《東洋文化》，
復刊五十三號），闇齋對希運蹴殺父母一事的調查大概在他接觸
了朱子的綱常倫理之學不久就開始了。孝心篤厚的闇齋對禪者的
違背人倫大綱必然感到非常痛憤吧！因此，他才寫了排斥異端的
書《闢異》。根據這本書的跋文中的記載，闇齋幼年時讀了《四
書》，少年（十五歲）時當了僧侶，二十二、三歲時，根據空谷
之書，完成三敎一致論，二十五歲的時候，讀朱子書覺佛敎之非
而歸於儒敎，如今雖已三十，但仍不能自立，深深後悔沒有更早
一點駁斥佛敎之非，爲了使人們免於受到佛學之惑，不得已而作
此書。不過，這本書並不只是編集了程朱等的排佛之說，而是在
開頭先舉出孔子的「攻乎異端斯害也已」的話，中間還揭示了朱
子的〈白鹿洞書院揭示〉，並收錄了解明綱常之道的演說，因爲
闇齋認爲，綱常之道不明則無不歸化佛敎者（後記）。〈闢異跋〉
（《垂加文集》中之二）中說，道就是綱常，佛敎廢棄綱常，故
佛敎之說非道，這是不學自明的事。要言之，《闢異》這本書的
目的是爲了要駁斥佛敎，維護綱常人倫之道，這從書中小序及跋
文中可以一目瞭然。不過，從上面跋文中闇齋所說的來看，我們
可以知道，這本書雖然說是要「闢異端」，而重心還是放在對綱
常倫理之道、天理的解明上。

　　前面也說過，慶安三年，三十三歲的闇齋爲以人倫大綱爲弟
子指針的朱子的〈白鹿洞書院揭示〉加上註解而著成〈白鹿洞學

規集註〉。闇齋所以特別爲朱子的〈白鹿洞揭示〉施以註解並發行成書，是因爲這個揭示舉出了契因舜命而教人的五倫，也就是《孟子‧滕文公上篇》所說的「父子有親，君臣有義，夫婦有別，長幼有序，朋友有信」的五倫，作爲學問教育的目標的緣故。此外，這與退溪對這個揭示的推崇也有關係。闇齋不把這本書的書名稱作〈白鹿洞書院揭示集註〉而稱〈白鹿洞學規集註〉是什麼原因呢？這大概是因爲明丘瓊山在《大學衍義補》（卷七十二）裏面稱作〈朱子白鹿洞學規〉，《性理大全》中也稱〈白鹿洞學規〉，而朝鮮朴松堂作〈白鹿洞集解〉，退溪也稱之爲「規」不稱「揭示」，以表示尊敬，闇齋就是受了他們的影響而稱「學規」的吧！闇齋在〈白鹿洞學規集註序〉中說，他通過退溪而痛感這個學規的重要，因此決定附以集註發行。下面就是其中的要旨。

> 朱子除了小學和大學以外，還爲了後學制定此一學規，以明示學問之道。這個學規是配合了小學、大學而作的，故與小學和大學一樣，應該予以閱讀。可是，由於這個學規收在朱子文集裏面，所以知者甚少。余曾把這一學規抄出來張貼於書齋，潛心玩索。近年來，讀退溪自省錄，發覺裏面對此一學規有詳細的論說，反復熟讀之後而得以知曉此學規之本旨。於是集先儒之說附於各條下以爲註，並與同志講習此一學規（《全集》上《垂加草》第十，〈白鹿洞學規集註序〉）。

收於《自省錄》中的退溪的論述原來是退溪答董仲擧的二書簡中的文章，從這裏面我們知道，退溪要通過日常生活上的實踐

來深切體認朱子所揭示的敎訓。闇齋大槪從這件事獲得深刻的感銘而決心把這個「揭示」予以宣揚的吧！朱子的白鹿洞書院的學則不像一般一樣稱作「學規」而稱作「揭示」，其中是有深意的。如果稱作學規的話，其中就包含有他律性的繩治人的意思，而人倫是人性中本來具備的東西，是不應該靠他律的力量來實踐的。（〈揭示後記〉）。闇齋後來大槪領會了朱子的這個意思，把「學規」又改稱了「揭示」（參照〈山崎闇齋と白鹿洞書院揭示〉）。把朱子用「揭示」這個名稱來代替「學規」的原因說明得最詳細的是崎門三傑之一的淺見絅齋，他說：

　　所謂規也，如今之制札，是立法而書之之意也，禪家亦有百丈淸規。大凡人之所思，蓋朝夕不變之禮節，出入起居，衣服飮食也，將此各方面之規矩寫入法度書，是謂規也。大體自唐以來，有學校處就有規，違反者，或速退學，或科以金錢。今設立白鹿洞，非爲利第利祿，學之一字在於明人倫立綱常，此爲政務之大根本，實關係天下之治亂盛衰。此爲白鹿洞不可不設立之由也。其所謂學者何也，是奇特之事或困難之事嗎？其實旣不奇特亦非難行苦行之事也。學校所敎但求保持人與生俱來之仁義忠孝之身，除此之外無他也。對惡人不以強制，不以威嚇，如不能自然停止作惡事亦不強加制止，學必自動自發，以身習得天賦之義理，如憑藉學規強制學習則非本意也。國家之學校臣下不得干與，而白鹿洞乃朱子所設立，使各個人致力於獲取各人天賦之道，此爲開天闢地以來聖人敎人之道，亦學者爲學之道，無所增減也。（中略）立揭示板以明示之，來

此學習者以此為指引而學習，教人者亦以此為目標而教。
故不曰學規而名之為揭示也（《山崎闇齋と白鹿洞書院揭
示》所引〈白鹿洞揭示師說〉）。

闇齋宣揚了《揭示》以來，崎門派諸儒繼承他的意思，作了
深切的論述。江戶時代的公私學校所刊行的《揭示》達七十種之
多（《續山崎闇齋全集》、〈闇齋先生著書解題〉）。

總括來說，闇齋和一般儒者一樣，以綱常之有無區別儒佛，
指出佛教廢絕綱常之罪過。闇齋對宋之一代傑僧、臨濟宗之大慧
宗杲也不放過對他的攻擊，宗杲曾說，為政亦有悟道，指導當時
的巨公名臣，並深受他們的尊敬，可是，闇齋還罵他是「名教之
罪人」（《文會筆錄》卷五）。佛教為什麼廢絕了綱常呢？闇齋認
為，這是因為佛教的道心及心法，亦即存養的工夫有所錯誤的緣
故（寫本《山崎闇齋語錄》）。他和朱子一樣，並不是單純的藉
著實事的有無來分別儒教和佛教，朱子舉出《傳燈錄》（僑山傳）
中「佛事門中，不捨一法」的句子說，佛教也並不離棄實事，所
以，如果一味地以實事的有無來論儒佛二者之別，則釋氏亦不會
服氣的吧（《朱子語類》卷一二六）。闇齋也同意了朱子的看法。
他批判佛教的心法所以會產生錯誤，主要是因為道體本身有錯誤
的緣故，他認為，儒教的道體就是綱常，所以，排佛的根本在於
明確地認識綱常為一定不變的理，也就是定理。不過，如果只是
把定理掛在嘴上說，那就要淪為口耳之學了，所以，闇齋主張為
學的主旨在於真切的體認自得也是必然的事了。

基於上面所說的觀點，闇齋對莊子把子對親之愛，臣對君之
義當作是「無所逃於天地之間之大戒」（《莊子・人間世篇》）

一事表示不滿，他指出程子認爲子對親之愛，臣對君之義是一定不變的定理（《文會筆錄》卷二），藉以明示儒教之道體。這裏所說的定理當然就是實理。因此，程子、朱子藉着實理之有無，也就是說藉着理的實與虛來區別儒教與異端。闇齋也舉出佛教的「虛靈」、列子的「方寸」、莊子的「靈臺」等語而加以批判，他說他們不知其中包含有萬理，闇齋又舉出朱子的「禪家惟以虛靈不昧爲性，衆理以下皆無」之語來批判這些異端（同）。

那麼，儒者爲什麼會受到佛教的眩惑呢？闇齋對這個問題提出了他的答案說：「彼等徒然記誦千聖之博言，見載道之文而以詞章爲旨之故也」（《闢異》跋）。

對異端嚴厲批判的闇齋，他看到儒者當中有陽儒陰佛之徒而加以責難也是當然的事吧！他首先排斥的是陸學，他的排陸論非常的激烈，他說：「不僅靠一家的私論，還必須靠公論予以批判」，此外，他還警戒門人如果對陸學不懷抱嫌惡之情，憎惡之念的話，則會受到三教一致之說的誘惑（《大家商量集講義》）。闇齋的這種看法與以陸子爲佛教的改頭換面、陽儒陰佛之徒，而站在民族主義的立場予以銳利批判的明末朱子學者陳清瀾的觀點是具有一脈相通之處的。不過，闇齋並沒有把他的排陸論公諸於世，他只是編纂了《大家商量集》，把朱子的排陸論介紹給世人而已。這本書是爲了攻擊陸學而編纂的，分上下二卷，上卷論述學問之道，下卷明示道體爲何物，是從朱子的《語類》《文集》中把朱子之說摘錄編纂而成的，卷末附有回答當時信奉陽明學的眞邊仲菴的書簡二篇。

陸子死後，朱子把陸子比擬爲孟子曾經批判過的告子，甚至說他是狂禪，對他的學說加以非難。闇齋在〈大家商量集序〉裏

面，敘述了他只揭舉朱子之論的理由如下：

> 孟子之後，周子、程子、張子繼承孟子沒後而絕之聖人之
> 學，朱子得其傳並明示天下。陸氏自稱「求放心」而不務
> 學問。朱子雖與其辯論，然陸氏不省己言，不察人言，終
> 抱持與告子相同之看法。余曾抄錄朱子之語，並編纂成二
> 卷，上卷明示學問之道，下卷辯明道體之究極，名之曰大
> 家商量集。使後生不惑於朱陸之是非也。

闇齋為什麼不發表自己的排陸論而只是把朱子的排陸論公諸
於世呢？在《大家商量集講義》中，淺見絅齋敘述了其中的原因
如下：

> 象山與朱子同時，讀朱子書則一目瞭然，不需另立論於世
> 也。朱子論辯之明確無有過者，故，排陸之辯無詳於文集
> 語類，且文集語類有辯斥象山者兩卷，故更明矣！

闇齋不僅排斥陸子，他對陸子以外，陽儒陰佛的儒者也加以
批判。比方說，他非難張無垢為為陽儒陰佛之徒，他對吳草廬、
趙東山、程篁墩、王陽明的朱陸同異論也加以批判。後來雖然有
陳清瀾著《學蔀通辨》，馮貞白著《求是編》，不僅從朱子學的
觀點非難明陸學，還排斥朱陸同異論，加以尖銳的批判，可是，
闇齋對這些異端辨仍然感到不滿意，他說：

> 因不窺朱子之室（本源），故其論恰似以一酌之水欲救崑
> 岡之火也（《大家商量集》〈答眞邊仲菴書〉）。

總之，闇齋是因爲沒有勝於朱子之排陸論者而編纂了《大家商量集》。此外，闇齋又論及日本的朱子學，他說：

> 朱子之書傳來我國大約在數百年前，獨清軒玄惠法師首先以此爲正學，然仍未脫離佛教。藤太閤亦重視程朱之四書新釋，然仍惑於佛教。故，無真實尊信朱子者。慶長、元和年間，南浦自稱信奉朱子，但他亦尊信佛教。惺窩雖尊信朱子，然亦信陸子。陸學陽儒陰佛。儒教正也，佛教邪也，其差不啻雲泥之隔。尊程朱又信陸學者，肯菴草廬之亞流也。不可謂真實尊信朱子也（同）。

闇齋又批判當時自稱學習朱子的人，他區別朱子學與陸學，或者說朱子學與俗學而有下面的敍述。

> 近日，自稱學習朱子者，排斥記誦之學以遮蔽自我之寡聞，毀謗詞章之學以掩飾自己之無文，謂陸氏禁讀書而謗之，然而，彼等之讀書實踐尚在陸氏之下也。吾等不可不深思此事。蓋學問有知與行，知不可不博，然不可雜也，不可不精，然不可穿鑿也，行不可不專一，不可二分也，不可不慎重，不可輕浮也。知行並進始可達於深道，此爲朱子學，亦異於俗學、陸學之所在也（同，第二書）。

從上文我們知道，闇齋是以知行並進爲朱子學的特色，其知需博而不可雜，需精而不可穿。行必須專一篤實，而且要在知行並進之下才可以到達高深的道之所在。這似乎就是闇齋所主張的

朱子學的特色了。後面還會說到，闇齋認爲學問包括致知和力
行，並且要以存養來貫通二者，所以特別重視存養的工夫，但
是，他並不排斥博學多識，反而提出博識的必要性，這是值得注
意的地方。事實上，我們只要看了闇齋的《文會筆錄》，就可以
知道闇齋是如何地博學多識了。在這點上面，闇齋甚至凌駕於同
樣被認爲是「朱子以後的第一人」的退溪之上。

　　闇齋所以將〈白鹿洞書院揭示〉彰顯於世，是因爲他認爲顯
露道德本性的最切實的東西沒有勝於五倫的，而《揭示》逐一揭
舉五倫，使其變得明確，也就是說，《揭示》是以明倫爲敎學的
根本的緣故。闇齋還提出明倫的根本在「敬身」（〈白鹿洞書院
學規集註序〉），這是因爲他擔心大家口說明倫而不實行，故提
出「敬身」的工夫，以鞭策大家躬親勵行。闇齋對明倫究竟要求
了怎樣的實踐的工夫呢？要知道其中的詳細並不容易，不過，從
絅齋的《白鹿洞書院揭示講義》中絅齋的解說，大致可以推察出
來。在《揭示》的一開頭舉出了「父子有親，君臣有義，夫婦有
別，長幼有序，朋友有信」的五倫，絅齋將文中的「有」的意義
作了如下的說明：

　　　　舉凡與生俱來所持之物，必行之事，是謂之有也。

　　絅齋認爲五倫是「自然的產物」，「生命的本來法則」（同）。
所以，他說「學問之目標旣非不尋常之事，亦非稀有之事」，程
朱的所謂居敬並非如同心之收斂或專一之類的空虛的心法，而是
要將眼前日常之人倫付諸實行，程朱的所謂窮理也並非僅止於口
說，而是要窮究在日常生活當中，什麼才是眞正的人倫。絅齋就

這樣深切地論述了在「實」與「自然」上下工夫的必要性。

後面也會說到，闇齋在五倫當中特別重視義，而他本來對義的要求也特別嚴格。在他所尊崇的〈白鹿洞書院揭示〉中也舉出了前漢董仲舒的「正其義而不謀其利，明其道而不計其功」的話。宋明儒者藉用董仲舒這句話來說明明辨義與利的重要。闇齋當然也藉此明示了義與利之別。朱子以仁為五常（仁義禮智信）或四德（仁義禮智）當中最高之物。而作〈仁說〉（《朱子文集》卷六十七）〈玉山講義〉（同，卷七十四）以說明其神髓。闇齋從《朱子文集》中把朱子的仁說摘出來予以宣揚，作為一個朱子的信奉者，這是當然的事吧！不過，他對義的重視似乎更甚於仁，崎門學者，不同於其他的儒流，在處事、進退、義理上表現得非常嚴肅，這也是因為闇齋以來重視義的結果。闇齋必然熟知仁為最高之德，可是他為什麼特別在義上下工夫呢？這是因為仁義固然都是天命之性，可是在獲得的工夫上有難易之差的緣故。比方說，父子之間的仁義是基於人類自然的感情，這是很容易理解的，可是，君臣之間的義理雖然也和父子之間的仁愛一樣源於自然之情，但是要理解起來就很困難了。再說，要達到仁的極致不是容易的事，仁義原是不可分離的，只有在義上下過切實的工夫才有可能獲得仁之純粹精微，這就是闇齋特別重視義的緣故吧！

六、太極論與理氣論

　　如衆所周知，宋的周濂溪超越了道家的生成論，陰陽家的陰陽五行說以及禪家的原人論而著《太極圖》及《圖說》，開創了儒家的生成論、人間論，因而號稱宋學之祖。朱子認爲，周子所說的太極就是理，因爲是無聲無臭無定所的無形之物，也就是形而上的存在，所以以它爲無極，「無極而太極」即是根本的實在。萬物就是由這個無極而太極的理、陰陽二氣以及由氣凝集而成的金木水火土的五行妙合而生成的。太極的理總是與氣之變化和五行的運行相即不離，內在於萬物而成爲萬物的性。朱子認爲，理是形而上的，氣是形而下的，兩者具有體用的關係而源於一處，因此，理與氣雖然相即不離，但是在價值上，理是先行於氣的。因此，朱子根據周子之說而開創了唯理的世界觀。他又說理與氣是「一而爲二，二而爲一」的，以理氣爲一也就表示了理是內在的實在，也就是實理，從這個觀點出發而批判老莊、佛教爲無用之學，因爲，老莊、佛教過分追求純粹之物，以虛無爲實在而倡導超越的實理。朱子以理氣爲二又顯示了理的純粹性和嚴肅性，從這個觀點出發而批判只講求實用的功利學及追逐私利的俗學爲猥雜不純之學。朱子就以在這裏所說的太極論、理氣論爲骨幹而開創了他廣大精密的生成論，一言以蔽之，他的生成論是唯理的。

闇齋循守朱子的生成說，却不太提到他自己的太極論、理氣論，他只是以朱子之說爲中心對各家之說加以論評，以顯示朱說之正當性而已。友枝氏也在《日本思想大系引》（月報）的〈山崎闇齋與太極說〉中指出，有關闇齋的太極論，我們只能在《文會筆錄》（卷十之一）《感興詩考註》以及詩裏面找到一些類似的東西而已。在《文會筆錄》（卷十之一）中引用了《朱子語類》的「太極圖唯一個實理而已，以一貫之」這句話，並敘述說：

> 余以爲，圖之六段之中，第一圖爲太極，實理也。次爲陰陽，次爲五行，次爲無極之眞與二五之妙合，次爲萬物，五段有圖。此爲以一貫之也。

　　闇齋藉着周子的《太極圖》企圖說明朱子的太極卽實理的學說。對於以太極爲根本的實在的世界觀，闇齋似乎並未作系統的說明，而是企圖去體認太極爲貫通萬物的實理。比方說，在他四十一歲時的《遠遊紀行》當中，有下面這一首詩，

> 太極十圓圈
> 都來是一貫
> 今此粉圓子
> 誰爲茂叔看

　　這是闇齋在赴江戶途中，於一處茶店見到一線穿的白粉團子，遂藉用來比喻周子的《太極圖》由十個白圓所貫穿而作的詩（《垂加草》第四），從這首詩也可以看出闇齋體認太極爲實理的

一端吧！根據闇齋自己的記載（《文會筆錄》卷十之一），闇齋雖然曾經編纂《周子書》，可是他仍然懷疑是否符合周子的本意，因為，朱子對周子《太極圖說》的解釋在理論上雖然沒有缺陷，可是，我們仍然不知道周子的本意，是否順從朱子的解釋就可以把握呢？闇齋說，在他三十四歲（慶安四年）的夏天四月二十二日，在夢中見到周子，闇齋問，朱子的解釋有違尊意否，周子囘答說，不差也。闇齋又說，在《太極圖》的第一圈打上點，反而有違尊意吧！周子領首，正當闇齋要在自己所編纂的東西上加以修正的時候就被人叫醒了。現在囘想起來，從夢見周子至今已經快三十年了。近來著《周書抄略》，又著《筆錄》。從上面的敍述我們可以看出，在太極上，闇齋有過多麼深刻的思索和體驗。對於以《易》的天德，也就是元亨利貞以及四德之首的元來貫通上下乾坤的意義，闇齋也企圖通過日常的體驗予以理解，我們只要看了闇齋的元旦的詩（《垂加草》第二）就可以明白。

　　朱子的唯理的理氣說在明代轉變為理氣一體的理氣說，他的心性論也不得不跟着發生變化，其中朱子學者的代表人物是明中葉，與王陽明同時代而與陽明發生論爭的羅整菴，整菴著《困知記》，強調理氣的相卽，修正了朱子傾向於唯理的二元論的理氣論。朱子與整菴的理氣論對朝鮮及日本的朱子學發生了很大的影響。江戶初期的朱子學者由於與朝鮮的朱子學也有接觸，所以，他們對朱子及整菴的理氣論，朝鮮朱子學者的理氣論有過很活潑的議論。朝鮮的李退溪著《天命圖說》，從心性上去理解朱子的理氣說而開創了獨自的學說。退溪的四七論就是他獨創的，所謂四七論是主張《孟子》的的四端，惻隱、羞惡、辭讓、是非之心是發自理，而《中庸》的喜怒哀樂愛惡欲七情是發自氣，這原來

是根據朱子而來的。退溪的門人奇大升反駁四七論，他說朱子的
理氣是相卽不離的，由於兩者之間發生了論爭，所以這個四七論
特別有名。藤原惺窩、林羅山及闇齋也接觸過他們的學說，退溪
認爲，大升的理氣說有以人欲爲天理之慮，所以他特別強調理的
純粹性、獨自性、優位性而始終遵守朱子的唯理的理氣說。闇齋
也排斥以理氣爲相卽一體的《困知記》的理氣說，而贊同退溪之
說，以爲退溪充分體得了朱子理氣說的精神，他說：

　　退溪之天命圖說後論甚詳細也（《文會筆錄》卷十之一）

　　以四端七情爲理氣之分，在退溪集十六的數冊書中均有論
及，而其中以自省錄中之記錄最爲完備，此爲諸儒之所未言及也
（同，卷五）。

　　闇齋對退溪的四七論讚賞不絕，我們可以說，闇齋也充分理
解了朱子唯理的精神。闇齋和退溪一樣，對理氣與心性的關係不
加以詳論，而致力於切身的體認和存養，因此，他不去揚言強調
宇宙論或本體論，而是在倫理修養上下工夫。闇齋特別對仁的問
題作了深刻的思考，以致於切論敬的存養，這不是沒有原因的。

七、仁　說

　　儒教以仁爲諸德中最高的，至程朱指出仁有專言、偏言的仁以來，仁說有了很大的發展。淺見絅齋認爲，朱子以後，只有明的薛文淸、朝鮮的李退溪能把握朱子仁說的主旨，而到了吾師闇齋才充分地體得了仁的精髓（《日本朱子學と朝鮮》三三六──三三七頁）。闇齋在仁上作過非常深刻的思考，他爲了要彰顯朱子仁說的主旨而著《仁說》及《仁說問答》。前者是將《朱子文集》（卷六十七）中的仁說配上《朱子語類》裏的仁說圖而著成的。後者是在《仁說》裏面又附加上從《文集》中輯錄出來的朱子與講友張南軒、呂東萊之間有關仁的議論，所以崎門學者對《仁說問答》最爲重視。序中，闇齋有下面的敍述。

　　　　蓋求仁首先在於理解名義，體認其意義意味，其次在敬、
　　　　恕上下工夫，致力於克己復禮，則仁可得矣！此爲朱子敎
　　　　人求仁之本意也。（中略）讀論語、孟子書並反復熟讀，
　　　　則仁之慈味親切意思精微處誠可領會也。

　　從上面的敍述我們可以知道，闇齋在仁方面是希望藉着深切的體認存養以領會仁的「慈味親切意思精微的地方」，這是闇齋

學的特色。闇齋在這個序中用了意味、意思、慈味等字眼來說明仁，絅齋對這點非常重視（同，參照三三九頁）。闇齋的這種態度大概也有受退溪影響的地方吧。比方說，退溪在說到張橫渠的《西銘》中所敘述的萬物一體的仁的時候，他特別指出萬物一體的仁不可求於「極其遼遠而不着邊際」的地方，而必須求之於身近處（《退溪集》第七，〈西銘考證講義〉）。換句話說，退溪主張我們應該把萬物一體的仁看作是自己切身的問題去體認。退溪的這個西銘解給了闇齋很深的感動，退溪指出，《西銘》中出現了「予」字以及九個「吾」字，因此他認為萬物一體的仁是教我們要切身地去體認，闇齋對退溪的這個看法非常激賞，他說「極善也，此為諸儒未嘗得見之處也」（《文會筆錄》卷十二之一）。闇齋說，他因為看到《論語》《大學》《中庸》裏面的仁都藉着「己」這個字表示了它的切身性，而且程朱對仁恕的解釋也都用到「己」這個字，所以編纂了《仁說問答》（《文會筆錄》卷四之二），如阿部氏所說，這當然也是受了退溪《西銘》解的刺激的緣故。

朱子以仁為「愛之理，心之德」，闇齋藉着闡明朱子的這個看法而進一步展開了自己的仁說，闇齋非常重視朱子所說的愛之理，他說，朱子之說是基於周子《通書》中所說的「德愛謂之仁」，所以，愛之理就是心之德的精義慈味親切之處（《文會筆錄》卷四之一）。闇齋又認為，朱子以後的宋元明諸儒沒有人理解其中的真意，甚至連退溪的《聖學十圖》裏面也沒有說明清楚。程朱以仁為理，並且以內在於人的理為性，而強調性之純粹與尊嚴，所以他們認為性情之間具有體用的關係，不過，雖然如此，他們還是認為兩者有別，愛雖然是仁之用，可是把愛拿來與仁、

理混爲一談仍然是不妥當的。所以，程伊川認爲不可將情之愛
與性之仁混爲一談，朱子也不直接把仁當作是愛而主張仁是愛之
理。伊川雖然把仁之性與愛之情分爲性與情，可是他旣然主張體
用一源，所以，他應該不會把仁與愛看作是完全個別的存在，因
此闇齋說，程子亦以愛爲主（同）。不過，如果根據伊川之說，
則在仁與愛有所發動的時候，就可能被人認爲是個別的存在。朱
子的「愛之理」表示了愛與仁是處於一種二而爲一，一而爲二的
微妙關係之中，但是，和伊川之說一樣，也有被人認爲是個別存
在的可能。不過，只要我們藉着體認領悟企圖在切身的地方去追
求仁的話，那就絕對離不開活生生的愛的感情了。闇齋就是站在
這種以體認自得爲主旨的觀點之下來解釋朱子的「愛之理」，而
終於把仁解釋爲「生之性」「未發之愛」，他說：

> 知其中眞意者甚少，蓋朱子仁說圖中前後之愛字，前者爲
> 未發之愛，後者已發之愛也。諸儒論說愛之理，皆知愛爲
> 已發者，而不知未發之愛爲仁也。退溪集第七聖學十圖中
> 載有仁說圖，然未道破未發之愛是爲仁也（《文會筆錄》
> 卷四之一）。

總而言之，闇齋主張生與性一體，仁與愛一源，因此只要能夠體
認仁，仁就能充滿慈味親切。站在闇齋的立場，這種看法決沒有
侵犯到理的純粹和尊嚴。闇齋以未發之愛爲仁的意義又通過門人
絅齋、尙齋、直方等人的申論而變得更爲清晰。特別是以寫本
傳世的絅齋的「心之德，愛之理」更可以說是開啓了其中秘蘊之
物。

八、敬義說

　　首先強調敬與義同樣重要的是程子，朱子繼承了程子的這個
看法，闇齋又繼承了朱子的看法而特別重視敬義，並且以敬義爲
學問的宗旨，這從他的字稱敬義，他的學稱敬義學，以便與同是
朱子學的林家或其他的朱子學區別等事情看來也可以推測出來。
根據北宋程明道的看法，人先天具備仁義禮智之德，不過，如果
要使這些德發生純粹而完全的作用，就必須經常保有一顆謹愼謙
虛的心。因爲，人心往往爲邪曲之念所蒙蔽，所以，敬的存養是
非常重要的。可是，如果在敬上面有所勉強的話，則原來能使人
間樂趣橫生，生機蓬勃的人倫的自然性就要受到歪曲了。因此，
明道非常重視敬的工夫的自然性（《二程全書》卷十三，〈識仁
篇〉）。他主張敬是貫通動靜，也就是貫通喜怒哀樂之情於未發
及已發之物。伊川曾對敬加以說明，他說敬就是主一，也就是以
一爲主，所謂一就是無適，也就是無所適於一處，專心一致無所
偏執，排除一切邪念，但這並不是要使心固着不動，而是要使先
天的道德心，也就是本心活潑地發揮作用。所以，如果太執着於
敬的工夫，則反而會失去敬的眞意，只有忘敬才能獲得眞的敬，
這裏告訴了我們超越敬的重要性（《二程全書》卷十九）。伊川
所以這麼說，是因爲他了解在敬的心中包含着人倫之道的緣故。

把敬看作是內在的工夫而把處事之道的義看作是外在的工夫，像
這種二分法是不合理的，敬義應該是內心的同樣的一個工夫，因
此，內有敬則自然外有義，外有義則自然內有敬。不過，明道認
爲佛教雖然也藉着敬來純正內心，但是並沒有藉着義來匡正外在
的行爲(同)。朱子說沒有義的敬是死敬（《朱子語類》卷十二）。
因此，闇齋認爲佛教不具備內外之道（《文會筆錄》卷七之三）。
淺見絅齋特別強調義，他說，眼前日常的人倫實踐是敬之所在
（《白鹿洞揭示講義》），這個觀點又較程朱更進了一步。

敬義內外論原來是出於下面這句《易》的〈坤卦〉（文言傳）
「君子敬以直內，義以方外，立於敬義而德不孤」。伊川在《易》
的注釋書，也就是《易傳》中，對這段話作了下面的解釋。

> 君子主要是以敬來真直內心，使心不流於左道，不萌生邪
> 念，守義以方正外在之容貌、態度、動作。內有敬之心，
> 謹慎謙虛，外行義以適事宜，則德不孤立而漸趨盛大也。

朱子認爲上面這段程子的敬義內外說相當完備（《周易本
義》）。不過，朱子還特別提出，敬能夠使人倫之心，也就是本
心全面而積極地發生作用。闇齋對於朱子的敬義內外合一說非常
感佩，他在《朱筆抄略》的後記中，吐露了下面這段感激之情。

> 「敬以直內，義以方外」的工夫使人一生受用不盡，朱子
> 之說不我欺也。《論語》中的「君子修己以敬」就是「敬
> 以直內」的工夫，「修己以安人，以安百姓」就是「義以
> 方外」的工夫。《孟子》中的「守身守之本」就是「敬以

直內」的工夫，「君子之守，修其身而平天下」就是「義以方外」的工夫。《大學》的修身以上（從修身到格物、致知、誠意、正心的工夫）是直內的項目，齊家以下（從齊家到治國、平天下的工夫）是方外的規模。天命明不可疑，故無內外之別，故《中庸》有「欲明明德於天下」之語，九經中的「修身」「尊賢」就是「直內」的工夫，其他的則是「方外」的工夫。《中庸》裡面的「誠者非自成而己也，所以成物也。成己仁也。成物知也。性之德也。合外內之道也。故時措之宜也。」成己是內在的工夫，成物是外在的工夫。所以程子説：「敬以直內，義以方外。是為合內外之道也」，他又説：「保持敬義可直達天德」。如此，「敬以直內，義以方外」之作用無窮。朱子之教不欺我也。

　　上面這段話指出了敬義是貫通《論語》《大學》《中庸》之道，其作用將是無窮的。闇齋的〈藏柱之銘〉（《垂加草》第五）中有下面的句子：

敬以直內
義以方外
敬義夾持
出入無悖

上面的話充分地顯示了闇齋平日對敬義的看法。如果周濂溪的太極，邵康節的數理，張橫渠的太虛，程朱的理氣，陸象山的心，

王陽明的良知分別被他們看作是爲學的宗旨而自成一家之言，那麼，我們也可以說，闇齋是以敬義爲作學問的宗旨而建立了一家之說。前面也說過，世稱闇齋之學爲敬義學也是有其原因的。

前面也提到過，闇齋對於程朱提出敬義內外之說，主張敬與義，內與外合一表示非常的敬服，不過，說到究竟什麼是敬與內，什麼是義與外的時候，闇齋的看法就不一定與程朱一致了。闇齋雖然認爲程子的《易傳》，朱子的《周易本義》中的敬義內外說把握了《易》的本旨，於平淡中有餘味，但是，程朱專以心爲內，以心爲緊要之物，而且，朱子以窮理來說明義方，他說：「敬以直內爲持守之工夫，義以方外爲講學之工夫」「敬以直內，義以方外雖爲二句，格物致知乃義以方外之工夫也」，闇齋認爲朱子的義方之說非《易》之本旨（《文會筆錄》卷七之三）。闇齋所以不贊同程朱的這個說法是因爲他認爲「敬行於內，指的是身、心；義行於外，指的是身外之事」（近藤啓吾《淺見絅齋の研究》中所引的〈崎門文獻錄〉，寶永八年條之〈佐藤先生學話〉），也就是說，內是身而外是家國天下。闇齋的門人當中有懷疑師說而堅持主張程朱之說爲是的。結果，師弟之間發生了爭論，其中反對老師闇齋之說最激烈的是絅齋和直方，絅齋寫了〈敬義內外說考〉，直方寫了〈論敬義內外考〉，堂堂地表明了自己的看法，終於得罪了師門。

最初批判闇齋對敬義內外的解釋的是直方，直方的《韞藏錄》（《甘雨亭叢書》）的〈論敬義內外考〉有下面的敍述。

　　經傳中的內外二字有各種意思，有的指自己和他人，有的指志和氣，有的指心和身，有的指家和國，有的指中國和

夷狄，不勝枚舉。讀者只要注意前後文所敘述的背景，就
絕對不會發生誤會了。《易》文言傳的敬義內外指的是心
和身，明確地提出此一見解的是程子和朱子，這個說法已
成決定不移的定說（闇齋）。先年敬義先生在講義《近思
錄・為學篇》的時候曾提出身為內，家國天下為外之說，
當時，門人之中有信其言者，有懷疑者，亦有半信半疑者，
議論紛然，致使學友之間互相爭論。余當時罹病，暫未出
席先生之講義，然許多學友每日來質問內外之說，余亦以
先生之說為誤，不斷予以批判。因此獲罪於先生，將近二
年不得出入先生之門。淺見安正（絅齋）不得已著《敬義
內外說考》闡明程朱真意以解學者之疑惑。今讀孔孟程朱
之書，將文義相通處連貫起來閱讀一遍，則其中本旨可不
辯而明矣。國枝氏之敬義內外論得程朱本旨，引用之證據
亦皆得其當。只是，他沒有提到居敬窮理應該在何處下工
夫，所以，議論的原因也不過是因為具體的工夫不明的緣
故。友部氏要排斥國枝氏之論而作敬義內外考，不過，他
的論說結果並沒有針對國枝氏之論，而只是漠然歷舉書中
之內外說，勉強作為身為內，事為外的證據而已，結果對
敬義內外論說得不詳細，辯論考證的體系固然不完全，從
主靜持敬的方法上來看，也可以看出他平日忽於講究。所
以，我們無論如何要對周程張朱之書作更深一層的思考，
充分把握道學之名義大綱，以成為程朱的真正的理解者。

　　在〈佐藤先生學話〉（近藤啓吾《淺見絅齋の研究》所引）
裏面也記載了直方對闇齋的敬義內外論所表示的率直的意見。

有關敬義內外之事，世人謂吾與嘉右衛門殿之間有所論說，
其實，終不得直接與先生論也。然據吾所知，嘉右衛門殿
之主張為，敬行於內，指身、心，義行於外，指身外之事，
亦即大學之齊家以外之事。此為講義近思錄時所言，其後
罹病時，又再三言及此事。淺見十次郎（淺見絅齋）及養
菴等人來，謂，先生之言不善也，敬為內，指的是心，義
為外，指的是身，五郎左衛門以此言於先生，先生謂，非
也，非也！如以內專指心而言則陷於佛見，衆人必此謂也，
然論語亦以內皆心之事，又以此言先生，終不得合先生之
意。總之，敬在心，義在身及其以外之事也。

從上文我們知道，闇齋談論敬義內外是在他講義《近思錄・為學
篇》中所舉的伊川的《易傳》中的下面這段話的時候。

君子主敬以直其內，守義以方其外。敬立而內直。義形而
外方。義形於外非在外也。敬義旣立。其德盛矣。不期大
而大矣。德不孤也。無所用而不周。無所施而不利。孰無
疑乎。

闇齋主張敬行於內，指的是身之事，義行於外，指的是家國天下
之事，就《大學》而言，內是正心、誠意、致知、格物、修身；
外是齊家、治國、平天下，這種看法因為與主張內即心，外即身及
身外之事的程朱之說互相矛盾，所以使得門人之間議論紛紛。當
時，直方舉出程朱之定說來批判闇齋之說，接著有絅齋對師說的
批判，結果兩個人都遭到破門的處罰。在對敬義內外的解釋上，

以內爲心，外爲身及身外之事可以說是程朱的定說，這從《文會筆錄》（卷七之三）中所引用的《朱子語類》（卷六十五）的朱子的話也可以看出來，而且，參考《文會筆錄》（卷七之三）所引用的張橫渠的《易說》，薛文淸的《讀書錄》，胡敬齋的《居業錄》中的說法也可以知道程子的解釋已經成了通說，所以，絅齋也追隨了程朱的主張，他說：

> 內指心，外指事物。敬爲守心之道，義爲制心之物，處事接物之道。內直者，心之本體正而不邪，外方者，處事接物方正而得其所。能直內則義愈精確，能方外則德愈高。敬義雖爲二，然能相互維持存養則學問之道足矣。此爲程朱之說，聖人之實學也（〈敬義內外說考〉）。

旣然如此，闇齋爲什麼要自立異說呢？其中的原因在〈學話〉裏面所引用的闇齋的論述中可以看出來，那就是，如果以內專指心而言，那麼就會產生離開身體直指內心而不務躬行之實的結果。比方說像程門的謝上蔡一樣，藉着心的警醒這種簡約的工夫來存心養心，結果終不免陷入異端（佛教）之中。闇齋說：

> 如以直內指心，方外指身與事，則所直者不能免於固執及人爲，恐生流於異端之弊害（寫本〈山崎先生批桑名松雲書〉）。

上面這段闇齋的有關敬義內外說的敍述似乎與朱子之說有異，但是，闇齋的看法可以說與朱子訓戒門人時所提出來的要大家警戒

的地方是互相吻合的。朱子曾訓戒門人說：

> 不要窮高極遠，只於言行上點檢。便自實，今天論道，只
> 論理不論事，只說心不說身，其說至高而蕩然無守，流於
> 空虛異端之說。（《朱子語類》卷一二〇）。

從這裏我們可以看出來，闇齋所以只對程朱的敬義內外說裏面的
內為心，外為身的說法表示他的異議，其原因並不是為了批判程
朱學，而是為了要排斥陷程朱之學於虛學的異端，換句話說，也
就是在一種提倡實學，提倡新儒教的精神下所產生的結果吧！闇
齋不顧門人的批判，堅守自說毫不讓步，甚至加給門人以破門的
處罰，這不僅因為他自信篤厚，自處崇高，還可以說是出於他一
心想要排除佛老虛學，嚴守儒教實學的決心吧！不過，雖然這麼
說，只為了師弟之間對《易》的敬義內外之語的解釋不同，互持
己見不肯讓步，就使門弟破門，在受人敬仰的一代大儒闇齋來說
未免顯得太衝動，破門的理由看起來也非常的薄弱。當然，所以
會產生這樣的結果，與闇齋的性格氣象不無關連，可是，我們仍
然不能不懷疑是否還有其他的原因。近藤啓吾氏在《淺見絅齋の
研究》（第一章，師說の批判三、四、五）裏面，企圖對這個疑
問作一個解明，書中對闇齋師弟絕交的情形有著詳細的記述，現
在就把其中的概要敍述如下。

　　為上面的疑問提出答案的是江戶學者伴部安崇所著的《敬義
內外考》。安崇從學於直方，接受了直方的敬義內外說，後來跟
從跡部良顯學習闇齋的垂加神道，知道了直方之說是錯誤的，闇
齋之說是正確的而著此書。良顯說，「敬以直內，義以方外」是

修己治人之道。聖賢之德行除此無他，爲學者務必終生在這上面下工夫，垂加先生的敬義內外說確然不可移，把握了記載日本國創立的《日本書記》神代卷的磤馭盧島的妙旨。談論神道的人不可不學習此一敬義內外說，然無人明確指出其中之眞意，至垂加先生始闡明此說之眞意，尊聖人之言並爲自己取名敬義，晚年著《朱書抄略》，於跋中對此說有詳細的敍述，良顯提出上面這些事而主張在敬義內外說上，闇齋之說是正當的。良顯和安崇也都說過，闇齋的解釋是出於神道的立場，神道與敬義內外說具有一種二而爲一，一而爲二的不離的關係。所以，如果直方、絅齋與闇齋的解釋只是在「文言傳」的語釋上有所不同的話，那麼大概不致於造成師友絕交的結果，因爲他們的批判不止於此，他們的批判還同時牽涉到了闇齋的垂加神道，才使得闇齋禁止他們出入師門。絅齋的同門植田艮齋曾說，絅齋由於某些原因違背了垂加先生，不明內情的人都以爲事情出於二人對敬義內外說的解釋的不同，但是，只爲了解釋的不同就會使得師徒絕交嗎？（《批山崎先生行實》，接着，植田艮齋把其中的實情作了如下的記述，直方得罪於闇齋而受到擯斥，於是，向絅齋談到敬義內外說：「關於敬義內外說的先生的主張是錯誤的，吾等不願意附從先生的主張，但是，不從則違背先生的主張，然卽使違背先生之意也不可曲道以從，以後，余不出入先生之門，貴下如何」，於是，絅齋也跟着直方違背了闇齋。絅齋不完全聽信闇齋之敎而受到直方姦言之誘惑，忘恩負義，直方姦佞，絅齋愚駭。據絅齋之高足若林強齋，山口春水所說，闇齋尊信賀茂之神官，此人來訪時，甚至中止講義而予以接待，直方、絅齋對此不滿而與神官作神儒之爭論，一晝夜論破喉舌，闇齋聽說此事，不滿門弟的態度，又產生

敬義內外說的問題，直方堅持己見與闇齋爭辯，終遭破門。也就
是說，直方雖然主張師弟絕交的原因在於對敬義內外的解釋的不
同，而艮齋、強齋則認爲直方、絅齋的批判神道乃是絕交的遠
因。近藤氏說，艮齋的直方、絅齋論雖有過於苛酷之嫌，但大體
上應該把握了問題的眞相。不過，我們拿着與神道的關係來解釋
闇齋的敬義內外說，不如從他的以程朱實學爲基礎的異端批判的
精神來看這個學說來得妥當吧！這從闇齋的「以內測內，則陷佛
見」的話中也可以很清楚的看出來，阿部吉雄氏在他的《日本朱
子學と朝鮮》（三九九頁）一書中引用了這句話。

　　如前所述，闇齋從排斥異端維護儒敎實學的立場來解釋敬義
內外說，因此他排斥以內爲心，以外爲身的看法而主張內爲身，
外爲家國天下，結果使得敬義內外之道歸於《大學》的修身。因
此，敬，說的不是心的敬而是身的敬，也就是以敬身爲重點。
在闇齋自作詩中有提到敬身的：

　　　　聞鵑有感
　　　蜀魄攪眠聲亦頻
　　　枕頭思得古之人
　　　齊家治國平天下
　　　道在明倫本敬身

　　程朱強調了敬是作學問的重要之道，是心之存養涵養之道，
與知同是不可或缺之物。當然，我們只要讀了《詩經》《書經》
就會知道，自古就有人講求敬，不過，敬在上面這種自覺下受人
重視還是始於程朱，因爲程朱認爲，心中具備萬理，有順應萬事

的靈妙作用，朱子把心的這種特性稱作虛靈不昧，可是，這與佛
教的虛靈不昧是不同的，佛教的虛靈不昧當中不具備萬理，而儒
教的虛靈不昧裏面具備了萬理。不過，心的靈妙作用是無窮的，
如不專心以敬去存養涵養，則無法發揮心的眞正的作用，窮理也
可能陷於主觀，或者無法到達身心的體得而局限於空虛的知識，
也就是由於這個原因，所以程朱把居敬看作與窮理同樣的重要，
可是，如果忘記了理的存在，只是漠然地強調心中之敬，則又有
陷於異端的心法的危險。所以程朱主張，敬要在理上下工夫，窮
理如果不與格物致知並行則會陷於講求虛無的異端之學。只是，
在講堂上向門人說明知的重要性的時候，有時會特別強調以敬爲
作學問的一貫之道，或者以敬貫通知與行，不過，只要認識到儒
教的實學的重要性，排斥異端的虛無，就自然會強調格物致知的
必要。所以，程朱甚至認爲藉着格物致知的有無可以區別儒教與
異端。關於老莊、佛教等異端與儒教的差別有各種不同的說明方
式，而其中大概以這種說法最爲妥當了。所以，闇齋也指出力倡
儒教的復興，排斥佛老的韓退之在〈原道〉中犯了不言格物致知
而批判佛老的缺點（《文會筆錄》卷三）。不過，心爲一身的主
宰，內備衆理，具有作用靈活的神明之德，因此，如果不下工夫
在心的存養涵養上，則格物致知的工夫，窮理的工夫都無法將其
保全。那麼，所謂心的存養涵養的工夫究竟是什麼呢？程朱主張
這種工夫就是敬，他們認爲敬能使人反省，而且使神明之德積極
的發生作用。在這種前提下，程朱力倡居敬與窮理並進的重要。
前面也說過，這種敬說原來是起源於古代的儒教，後來所以會成
爲深遠的心術乃是由於宋代以後，受到佛老的心法的刺激，而企
圖將其超越並昇華爲古代心術的緣故。

　　朱子歿後，程朱學成了風靡一世之學，進入元明以後，程朱
學被科舉採用，造成了一般人對程朱學的知識的普及，但是，一
般人卻忽略了在實踐上的努力，不能充分理解其實學精神，不在
身心的體認上下工夫。不過，其中還是有人對這方面予以重視，
認爲這裏才是程朱學的重點所在，這一方面大概是受了認爲提倡
理學的朱子學與提倡心學的陸學在本旨上相同而企圖使二者折衷
的朱陸同異論的影響，一方面也是由於對陸學的排斥而使得程朱
學中的體認工夫受人重視的緣故。元明程朱學的主要特色可以說
就在這裏，他們重視程朱學中的敬，他們持有窮理包含於敬中的
思想傾向。曾經影響闇齋及闇齋學的李退溪原來也是由於接觸了
這樣的元明程朱學派之說以後才歸依程朱學而成了信奉程朱學的
儒者。二人對於涉及到人文、社會、自然等廣泛分野的朱子學的
格物窮理都沒有表示太大的關心，他們主要是在以人倫爲中心的
朱子實學的體認實踐上下工夫。他們在體認與實踐上的徹底精絕
可說出類拔萃，這也可以說是他們二人都被稱爲朱子以後的第一
人的原因之一。

　　闇齋認爲，《大學》的八個條目，格物、致知、誠意、正心、
修身、齊家、治國、平天下就是《大學》的明德、親民，其道止
於至善，可是，《大學》的〈傳〉則解釋爲「止於敬」並且說明
止於敬的工夫是「恂慄」和「威儀」，前者使敬存養於內，後者
使敬表現於外。所以，八個條目都是以敬爲本，《中庸》裏面也
有「篤敬而平天下」的句子，《中庸》當然也是以敬爲主的（《文
會筆錄》卷三）。闇齋又說，盧玉溪認爲《大學》的八個條目不
過是一心的工夫，許魯齋也明白表示過這點，朱子也說過心是身
的主宰。可是，聖人在八個條目當中特別重視修身，修身的工夫

是誠與平實，不過，在〈修身傳〉裏面只輕描淡寫地提到了一下
以修身爲根本的事，因爲正心以上的工夫的重要性已經說過了，
所以只舉出人情的偏倚對修身有害一事而已。可是，不愼細行則
有傷大德，故《中庸》的九經（修身、親親、敬大臣、體羣臣、
子庶民、來百工、柔遠人、懷諸侯）也以修身爲始，以誠身爲本，
孟子也因一般人平日不以修身爲本而感到遺憾（《文會筆錄》卷
三）。闇齋在《文會筆錄》（卷三）引用了明顧應祥的《惜陰錄》
（第二）中的一段話：

> 大學功夫全在修身上，故曰自天子以至於庶人壹是皆以修
> 身爲本，中庸論凡爲天下國家有九經亦以修身爲首，格物
> 致知誠意正心所以立修身之體也，齊家治國平天下所以推
> 修身之用也。

闇齋所以引這段話大概是因爲顧氏之言與我心有戚戚焉之故吧！
闇齋曾經說：「顧氏之說甚合宿懷」，因爲《惜陰錄》（第二）
不僅提出上文中的《大學》之語，還引用了《詩經》中文王的敬
止之語，闇齋又說：「大學之傳，聖人所依，雖揭舉了仁、敬、
孝、慈、信等，然其實皆以敬爲主也」，重視敬的明薛文清的
《讀書續錄》中所採取的立場也符合了闇齋之意（同）。

　　從上面所敍述的我們可以知道，闇齋所以反對敬心之說而主
張敬身是因爲，敬心之說可能會使人直指心中而離開身體不務躬
行之實，或者固守心的警醒這種簡易的工夫以致於陷入異端的緣
故。不過，前面也說過，程朱講求敬心，《中庸》《孟子》裏面
也說到了心，闇齋對這些究竟有什麼看法呢？闇齋認爲，他們是

在不得已的情形下說到心，並非出於本意。所以如果我們不看清這一點而專以心爲事，那就要陷於異端了（〈山崎先生批桑名松雲書〉）。此外，我們從上面的敍述也可以知道，闇齋所說的敬主要是指敬身而言，而且，闇齋的敬身是以《大學》中所說的修身爲本。根據《文會筆錄》（卷三）中所舉的《朱子語略》，朱子於死前一個月，在給廖子晦的書簡中說：「大學，又修得一番簡易平實，次第可以絕筆」，闇齋說此語沒有記載於《朱子文集》，不過，朱子所說的《大學》的簡易平實也就是闇齋所說的修身。身爲心之最親切密接的地方，是躬行的起點，所以，闇齋舉出敬身、修身以期排除佛老的虛學及陸子的心學也是當然的事吧！在闇齋看來，敬身是《小學》之道，修身是《大學》之道，聖人之教雖有大小之別，然而是以敬來互相貫通的。大小之教都是爲了要闡明五倫，而五倫又備於一身，所以，《小學》以敬身爲要，《大學》以修身爲本（《垂加草》第十〈蒙養啓發集序〉）。

闇齋所以闡明敬說，不遺餘力，是因爲他認爲存養能貫通知行的緣故。闇齋認爲，爲學的目的就在於知與行，知不可不博，然不可雜，不可不精，然不可穿鑿。行須專一不二，篤而不薄。能做到這些，則知與行互進可達高遠之道，也就是說下學而上達，這是朱子學與俗學、陸學的不同處（《全集》，《垂加草文集》上之一）。闇齋信奉朱子學，又特別在實學上用心，而追求學之實就必須以存養來貫通知行。實學原來是與佛老異端的虛學相對的儒學所採取的立場，首先提倡實學的是北宋的程伊川，後來又有許多人談論到實學，所謂實原來是指與虛相對的實，與空相對的眞而言，宋明以後，實學的意義變得多歧起來，其中包括與虛僞虛妄相對的誠實眞實，與觀念空想相對的現實事實，與在生活

上無益無用相對的有益實用，與空言虛說相對的實事實得以及與思辨理論相對的體認實踐等。繼承了伊川的朱子曾說：「儒佛之別只在虛實之爭」，「吾儒萬理皆實，佛教萬理皆空」（《朱子語類》卷一二四），藉着虛實來區別儒佛。宋明的儒者爲什麼必須講求實學呢？我們從下面的朱子的書簡可以知道一個大概。

> 近世學者不知聖門實學之根本次第而溺於老佛之說，無致知之功無力行之實而常妄意天地萬物人倫日用之外別有一物空虛玄妙不可測度，其心懸懸然惟徼幸於一見此物以爲極致，而視天地萬物本然之理人倫日用當然之事皆以爲是非要妙，特可以姑存而無害云爾。（《朱子文集》卷四十六、〈答汪太初書〉）

在前記的闇齋的詩句裏出現了「明倫」二字，由此可見闇齋繼承了上面書簡中所表現的朱子的實學精神吧！所謂實學簡單的說就是實用之學，具體的說，是對家、國、社會等人類共同生活有助益的學問。朱子的主張是，實學固然包括人倫日常理所當然之事，同時也是有關禮樂、制度、天文、地理、兵法、形法、律呂、象數等所謂時務之大者的學問，以及對於國家興亡治亂之軌跡所必須具備的知識，因此，實學是廣泛地涉及到社會、自然、歷史的學問。也由於這個原因，朱子對人倫道德、政治經濟及其具體的設施加以研究並且企圖付諸於實踐。不僅如此，對朱子來說，研究與人類生活不可分離的自然諸現象也是實學的範圍，朱子在這方面的研究是後世諸儒望塵莫及的。不過，由於朱子是儒者，所以他的最終目的還是在人道，也就是人倫道德。而人道必

須順應生天地之心，所以，他的倫理思想是廣大至切的。後面還
會說到，闇齋也大致上體得了朱子的實學精神並且在與人類生活
有關的實用之學上下工夫，而他特別把重點放在人倫上，致力於
對人倫的切實體認及實踐。如朱子所說，致知與力行是對抗異端
虛學的儒者的實學，然而，如果在致知上不重視身心至切的體驗
而陷入虛說虛見，在力行上缺少眞實誠意而陷入妄行，也就是
說做不到致知與力行的知行合一的話，那麼就要違背實學的主旨
了。因此，闇齋主張必須藉存養來貫通知行，他說：

> 學問之道在致知與力行二者，而使其貫通合一者為存養。
> 漢唐之際，非無知之博者，亦非無行之篤者，然未聞有存
> 養之道，故於知之領域，行之氣象，終不得為聖人之徒也
> （《垂加草》第十，〈近思錄序〉）。

稻葉默齋對此說讚絕不已，據說他曾說：「此為吾國開闢以來之
名論也」。（池上幸二郎《續山崎闇齋全集》中卷〈序〉所引）。
闇齋所說的存養當然除程朱所說的敬以外無他，闇齋說：

> 易乾卦之六爻均為奇（陽），此為敬之實之所在，坤卦之
> 六爻均為偶（陰），此為敬之虛之所在。奇偶之象雖異，
> 同樣表示敬之意也。因設天地之位而使易行於其中者為敬
> 之故也，誠然也。放勳（堯）之欽，重華（舜）之恭，文
> 命（禹）之祗為書經之第一義，均講述敬也。禮為敬之文，
> 樂為敬之和，詩經之思無邪之境地自敬而入也。

闇齋以敬爲「聖聖相傳之心法」，如文王之師記於《丹書》，皇羲之初卽表示了敬的意思，此語出於黃帝，孔子贊《易》之際，以敬義來解釋「坤」之六二的根據就在此處，孔子纂修《春秋》時，書其所當書，削其所當削，如此謹嚴之敬實在是萬世不變之法，闇齋明白地指出了敬爲太古以來之常道（同，〈武銘考註序〉）。

闇齋對敬之存養的重視可以說是他的朱子學的特色，也因爲如此而使得他的朱子學成爲精切的體認之學，這也可以說是闇齋朱子學的基礎所在吧！由於這個原因，崎門派儒者均篤信闇齋知行合一的存養之學，而在深切的體認之學上下工夫。比方說，幕末維新的崎門學者，平戶藩的儒者楠本端山、碩水兄弟就是最好的例子，端山認爲，闇齋是以存養來貫通致知力行，所以他所得到的是眞正的致知、力行，端山說：

> 闇齋之學得孔孟之正傳，繼朱子之正統也。世之奉宋學者，不過得其虛影之一、二，甚至不得窺其外廓也。吾國之宋學，自慶長以來，能者輩出，然均陷於支離分析之學，汲汲於訓詁記誦，博識洽閱，忘卻闇齋所求之眞正的力行與致知，故不得達其奧義也。

碩水也說：

> 闇齋先生謂，學問之道在致知與力行二者，而貫此二者者爲存養也。蓋知不依存養則不得成爲眞知，行不依存養則不得成爲眞行也。俗學不知存養之道，故，知之事成爲文

宇之末事，行之事成為虛妄之余事也，如此離聖學遠焉。
故，周（濂溪），程（明道，伊川），張（橫渠），朱（晦
庵）諸賢開口卽謂存養為第一義，當然也。

端山和碩水都尊奉闇齋的存養之學，致力於致知與力行，尤其是
自端山的存養出發的格物窮理之學極盡精切，使存養與窮理成了
一體的兩面，這種深潛緻密的體認之學在當時是出類拔粹的（以
上，參照筆者《楠本端山碩水全集》解說）。

九、靜坐說

對敬與窮理同樣重視的是程伊川，伊川之兄明道也重視誠與敬。不過，明道對誠敬的重視超過窮理而伊川則有比較重視窮理的傾向。這是因爲明道重視體認，以渾一爲要，而伊川重視理智，以分析爲要的緣故。在兩者之間，朱子可以說是繼承了伊川這方面的儒者。同時，不論是程子也好，朱子也好，他們雖然都講求敬，可是因爲他們尊重工夫的自然性，所以他們都主張忘敬而可以得到眞的敬。不過，伊川的敬以整齊嚴肅爲主旨，心的主體必須峻別善惡，結果遭到文人蘇東坡的批判並主張打破敬字（《二程全書》卷三十八）。這是因爲蘇東坡認爲，伊川的敬會使心的主體，也就是主宰受到拘束而無法自由活潑地活動的緣故吧！不論是伊川也好，朱子也好，他們所說的敬本來都是要使本心活潑地發生作用的，但是，由於他們看清了與善惡分離的心的實態，所以敬的工夫必須非常嚴肅，結果使得他們所說的敬不免讓人覺得阻礙了心的主體的活動。所以，如衆所周知，以良知爲學問宗旨的王陽明甚至主張，如能致良知則不需要講到敬，說敬乃是蛇足之舉。然而，闇齋雖然說到敬，但並沒有說忘敬可以得到敬，他也沒有像澤庵禪師一樣，以無心爲第一義而以敬爲第二義。這是因爲以實學爲宗的闇齋認爲這樣會陷入以虛學爲宗的異

端的緣故吧！

程子之老師周濂溪在學問上主靜，不過，他的靜是包含着動的靜而不是老莊所說的靜。程子說敬，以敬爲貫通動靜的工夫。因爲，他認爲周子的主靜有偏於靜而可能傾向佛老的緣故。敬雖然是貫通動靜的工夫，但是如果爲了避免偏向於靜而在動處下工夫以致於忽視靜處的話，那麼，敬本身也要發生偏差了。程朱講求靜坐的理由就在這裏，如果再加上對敬的工夫的自然性有着深切感受的話，那麼，這種需要就更強烈了。

不過，如果一味地講求靜，這種追求的本身就已經促成心的活動了，因此，又產生了能夠做到敬則自然能得到靜的看法。所以，我們雖然不能把靜和敬視爲一體，但是我們還是必須重視敬的工夫。程朱所說的敬並非單指心之敬，而是指對於理的心之敬，也就是指使理活潑地發生作用的心術而言，因此，即使是藉着靜坐以追求心之靜，也絕對與佛教的坐禪不同。雖說動靜循環無窮，沒有止盡，不過，動並非始於動而是始於靜的，所以，靜與動可以說是具有體用的關係，體用雖然出於一源，但必須先建立體再及於用才能把握工夫之要點，因此，程朱都不敢忽視靜坐，不過他們也並沒有忘記了動處的工夫，否則的話，他們的學問大概已經成了異端的虛學了吧！以程朱學爲宗的闇齋把敬的存養作爲學問的宗旨，他因爲擔心在虛高處會陷入異端而提出敬身，修身的重要並且追求平實的工夫，這在前面已經提到過，不過，這種工夫如果過於平淺，那麼就會止於下學而難以上達了吧！因此，闇齋又主張藉着靜坐以存養心之體。闇齋把其中的理由作了如下的說明。

心術為舜所提出，為列聖傳授之法。子思述之於中庸，所謂喜怒哀樂之已發指的是心之用，喜怒哀樂之未發指的是心之體，所謂節度之中和也就是說用雖然發動而不失其體。孟子著七篇以傳此心法，所謂「執中」、「得聖時」為君子的中庸，仁義禮智的四根之性為未發之中，惻隱、羞惡、辭讓、是非的四端之情為節度之中和。孟子之說雖千變萬化，然均立腳於心，孟子死後，其傳絕矣！唐李翱尊中庸而著復性書，可是他的復性是藉滅情以得，所以是佛教的中庸而不是孔子的中庸。宋周濂溪繼絕學而著太極圖說、通書，濂溪所說的「主靜立人極」就是中庸的戒慎恐懼，「無欲靜虛動直」就是所謂的致中和。程明道、伊川兄弟繼承濂溪之學而成為諸儒之先導，明道教人靜坐，伊川見人靜坐而感歎其善學。從這個觀點來看，楊龜山、羅豫章、李延平三子主靜而觀喜怒哀樂未發之氣象，可以說充分地把握了為學的根本。今之儒者自以為學周程，然無一日實行靜坐，甚者謗靜坐，以其為異端之學而不講求也（《垂加草》第十一）。

闇齋對周程以下，龜山、豫章、延平的主靜之學予以稱贊，並且說：「濂溪之風月映照延平之冰壺，洒洒落落，瑩徹無瑕」，而強調靜坐的重要（同，第十〈伊洛三子傳心錄序〉），關於靜坐類似禪定一事，朱子已有所辨解，然只務口耳之學者（不去躬親體認所聞之學）執着於救弊求全之朱子之言而不知楊、羅、李三子為學之本旨。此三子向學立志堅定，求道亦切實，為後世所不能及，其相傳旨訣的未發之存養亦為漢唐諸儒所不知也。如果

此三子非眞正致力於居敬窮理，實際見到未發之中，則他們不可能勝過其他諸儒，闇齋藉着上面的敍述以促成門人的反省（同）。闇齋講求靜坐，以主靜爲要，然而，他的靜並非與動相對的靜，其靜存的工夫也不是在忽略格物窮理之下所可以講求的，他的靜可以說是在痛切地體會到敬的自然性以後所產生的結果，因此，我們也可以說，這種靜是與濂溪、明道所說的誠相通的。闇齋認爲，濂溪的誠說已達於極致，濂溪所說的「誠無爲也」指的是本體，其實，他的意思是說靜無而動有，故動靜爲一，濂溪所說的動靜有無之間（幾之要）也就是這個意思。此外，他以《易》之元亨爲誠之通，以利貞爲誠之復也表示了誠爲貫通動靜之物。只是，他於靜中講求復，這是與邵康節、程伊川不同的地方，因爲，康節的復的工夫與濂溪的幾是相同的東西，而伊川認爲於動中可以見到復卦的所謂天地之心。不過，闇齋認爲，天地之心卽是誠，三子求之於動或靜，或者動靜之間，其實大家所求的都是同樣的東西。在這裏需要注意的是，闇齋不僅把濂溪的靜、濂溪的幾和康節的幾看做是同一的工夫，他還把於動中見天地之心的伊川的工夫拿來和他們歸於一類，其原因究竟何在呢？在闇齋看來，伊川所以講求動，是因爲他反對於靜中見天地之心的道家王弼的看法，而且，他並不認爲這樣有違背濂溪的主旨，濂溪主張的是於靜中復天地之心（誠）（同，〈周書抄略序〉）。總之，講求靜坐和靜存的闇齋具有與他的峻嚴剛毅的氣象完全不同的一面，這是不可忽視的。詩人黃山谷以「灑灑落落，如光風霽月」來形容濂溪的氣象，闇齋也有表示對濂溪敬慕的詩如下：

坐憶天公洗世塵

雨過四望更清新

光風霽月今猶古

只欠胸中灑落人（《全集》下，《垂加文集》下之一）

　　讀了這首詩我們也可以想像到闇齋在峻嚴剛毅以外的另一面吧！不過，對闇齋所說的靜坐，如果不能理解其中眞義的話，那就自然會像朱子所說的一樣，要陷入異端的坐禪入定了（《文會筆錄》卷二）。

　　在崎門裏面，特別重視靜坐的是直方和他那一派的儒者。直方著《靜坐集說》，柳川剛義著《朱子靜坐說》，上有直方寫的序。剛義在此書的跋文中說，後世儒者所以落入博雜卑陋是因爲不知靜坐的緣故，他把靜坐比喩爲舟之舵，這應該非常符合闇齋之意吧！不過，對闇齋靜坐的主旨闡明得最眞切的還是要算直方以及師事崎門三傑的跡部光海（名良賢或良顯）了。幕末尙齋派的儒者楠本端山通過光海的靜坐說而修得了深切的體認之學。崎門的靜坐說與日本儒者的體認學有着很深的關係，所以，下面就介紹一下其中具有代表性的直方的主靜說及光海的靜坐說。

主 靜 說

　　或問曰，今於應事接物之動處行以主靜之工夫，其效果終不得見也，凡人之領會，動時不同於靜時，動時，心必有所活動，故需有動上之工夫。或謂主靜之工夫可圓滑運用於動上，誠難理解也。今不以吾身躬行者謂，以主靜之工夫可解決諸事，其實，身臨其境時往往事與願違，此爲非

以吾身躬行者所無法領會之處，盡信書是所謂閉門造車
也。於儒道以主靜為要務，何也！行主靜之工夫於動時，
其要領必異於靜時，聖賢必然有所領悟，敢問以主靜之工
夫行於動上之要領為何？答曰，所問之事蓋出於身心上之
親切體認，誠足珍貴也。蓋只知讀書而不在身心上下工夫
是古今學者之通病也。所問之事啟發愚蒙不少，欣慰不
勝。所問之旨趣在動上之專一，更屬難得。學問之目的
在把握實務之要領使學以致用也，故需於動上專心一意。
聖賢之教有大學八項目，自格物致知至平天下皆致用之事
也，故不可謂靜則不及於事。此外，中庸之九經，易之卦
爻皆可用於實務，欲求圓達於動處則必先專一於靜上之工
夫，此為聖賢之教，天地自然之道理也。不明此理則謂之
俗學，與聖賢之學相去遠矣！宋之周茂叔首先發明主靜之
義，程朱傳其道，元明以來之學者鮮有知者。動上之工夫
必須以靜上之工夫為基礎，其中之道理不先用功於聖學則
不得領會也。今暫且舉例說明如下，率三軍赴戰場時，如
無沈靜之心，則大軍散離不得一致。八陣之法亦須以靜為
根本。又如火災時，雖眾人擁擠動彈不得，但仍然要鎮靜
不可慌亂。劍術亦必須專一於靜上之工夫，否則不得獲勝
也。要使劍術長進必先使心沈靜，再勇往直前，如果只知
賣弄技巧則非高手也。劍術者亦常言及於此。世之武將有
沈著冷靜之大將，也有威氣凌人耀武揚威的大將。摘為沈
靜之大將，在下重大的決定時，必先經過綿密的思考，如
此思考即是靜。吾人須區別浮沈二字，浮動者不善，沈著
者善也。古歌有云，無底深淵沈靜，山川淺瀨起波，誠然

也。日本之茶道等事亦皆以靜為主。無此主靜之工夫則於動上危殆矣！就射弓而言，中與不中常取決於一瞬之間，故始終惴惴不安，有時雖努力使心沈靜，却於緊要關頭失常，故有志者每於此處著眼。佛者亦有觀心坐禪之類的事，然看似類似實則大異矣！儒者之主靜是與動上合一之靜。佛氏之靜則是棄動而陷於唯靜之物。故佛氏之靜為死物，所謂寂滅也就是這個意思。儒者之靜則能產生一種寂感，面對各種事情能產生各種作用。雖然同樣都是一個寂字，可是感與滅之間却有天淵之別。佛氏廢人倫棄實務，無用於天下國家。佛氏以人皆有死，視今生之世有為無常而不顧。儒者則謂不知生焉知死，而盡力於有生之年。儒佛之別判然可見矣！身負家國天下之大任者忘儒而學佛，誠不可解也。蓋俗儒講求動上之動，佛氏講求靜上之靜，聖學之工夫則講求動上之靜也，吾等不可不知俗儒、真儒、佛者之別。或謂佛氏具備毅力耐性，此因佛氏之工夫集中於靜之一處，雖有偏差，可下工夫挽回，而儒者則往復於動上，容易失足成錯。故，儒佛之論或謂儒者不敵也。吾等必須從各方面加以考察，而且必須深思從主靜之工夫達到平天下事業之意義。大學之八項目也必須包含小學的敬才具備深意。非求聖賢之道者難與言也。既使是無學之人，只要心中沈靜，即可行之於外，這是很明顯的事。我們只要想想在心亂時寫信，不是寫錯字就是寫漏字的情形就更加清楚了。靜時的思考往往與動時大不相同。在處理事務的動時，心之活動每有偏差，故不可不講求主靜之工夫。比方說在射弓的時候，因為自己知道求勝心切

則得不到好成績，故盡量使自己冷靜，不去看目標的中心
而只想著練習時的箭靶子，可是，一旦上了射場，又不禁
想要射中目標而緊張起來，這時應該怎麼辦呢？這時只有
把心思轉向練習時的箭靶子了，如果一心只想射中標的，
雖然盡量使自己冷靜，可是總有失手的時候。此外，在戰
場上，如果要臨陣不亂，就必須講求戰術和日常的訓練。
在撲滅火災的平常準備也是同樣的情形。又如武士出陣，
當雙方以長劍交鋒的時候，常有臨陣厭戰而退縮的情形，
這也是因為平日練習不夠的緣故。在平日家居練習的時候
劍術高超的人，在戰場上也一定能壓勝群雄。沒有平日的
工夫則不可能有戰場上的表現。可見平日靜時的工夫是多
麼重要。中庸上所說的未發的存養，如果配合這些事情來
思考的話就更有意義了。有志於聖賢之道者於此處不可不
慎思也。吾人讀書，往往只講釋書中意義而不去思考致用
之道。對身心動靜用於應事接物上的吟味思考是非常重要
的。今之儒者只知讀書而昧於實務，醫者只知吟味經絡探
索藥種而無臨床經驗，農人雖擁有豪地卻不知如何播種，
將軍只知擺佈屬下以取勝而不覲臨應戰。像這樣的人都是
很可悲的。醫者不管多麼善於讀書，可是如果無法治好
人家的老毛病仍然是徒然的。不管一個人讀了多少書，多
麼善於作文作詩長於議論，可是如果不能稍改個性上的缺
陷，則是極為遺憾的事。連自己的缺點都改不過來而要去
指正別人是至為愚蠢的事。這是讀書人所必須明白的。以
上為稻葉能登殿所問，余代人所答者也。（《佐藤直方全
集》一，〈韞藏錄〉卷五）

再談靜坐之事，靜坐不可勉強行之，也無法在心中作準備的工夫，心上的工夫乃行於日常無形之中。靜坐的目的並非為了順從經書上的教訓或其他，如果為了要驅除雜念而生坐禪之意，則非真正的靜坐。為解除讀書的疲憊而靜坐，或為了使勞於世事的心獲得休息而靜坐，都不是真正的靜坐。靜坐不需任何目的，在讀書告一段落或做完一件事的空檔裡，稍微靜坐片刻。並不需要很長的時間，在靜坐的時候，如有什麼事，仍然照常去做。一言以蔽之，靜坐是一種不知不覺的行為。在靜坐的時候不可以去算計利用這段靜坐的時間可以讀五頁書或抄寫幾張東西什麼的。非真正有志於學則不可，在專心靜坐時，自然會有所領會。為了靜坐而特別進入一個三個榻榻米的小房間去則成了坐禪而不是靜坐。說到靜坐我們只要想到坐這個字，從頭到尾，只是靜靜地坐著而己。如果覺得靜坐浪費時間，這是氣性急躁之故。精神鬆懈者的靜坐則往往陷入睡眠之中（同二，〈韞藏錄拾遺〉卷二）。

靜　坐　說

所謂靜坐就是安靜地坐著，與坐禪不同。坐禪者，結伽趺坐，眼視鼻端，心收於臍下，使萬念俱滅。所以坐禪是勉而為之的事，非因無事而為。坐禪要限定時間，燒完一支香兩支香，或一個鐘頭兩個鐘頭。在坐得難受的時候，使心凝聚集中，使身心俱成死物。靜坐則不限定姿態時間，早晨也可以晚上也可以半夜也可以，在辦完事情或讀書作

筆記以後有空閒的時間，總之只要沒有事的時候都可以。
正襟危坐也可以，盤腿而坐也可以，你可以選擇自己覺得
舒服的姿勢，使全身的筋骨放鬆，兩手放於一處，像布袋
菩薩坐著的樣子，保持愉悅的心情，使心境放鬆，身體舒
適，這樣一來，心裡自然平靜，心中還會浮現許多事情，
這個時候，不可勉強壓抑，而是要輕輕地、慢慢地把雜念
推開，等到心中完全安靜的時候，雜念也就自然消失了。
如果勉強去壓抑的話則反而會收到相反的效果。開始時會
打瞌睡，這是因為心氣平靜的緣故，這時必須振作起來，
否則就是朱子所說的「不成靜坐，便只是瞌睡」而已了。
心中出現各種閒思雜慮也是因為心氣平靜的緣故。只要專
心專意，各種雜念自然消失，瞌睡也不來了。這時，在心
中迴響的只有鳥鳴、風聲、雨聲，附近的人聲或鐘聲。所
謂靜中有知覺就是這個意思。這也就是所謂四周寂靜，但
聞伐木丁丁、山更幽的意境。這時，心湛湛然，平靜而舒
適。開始時眼睛還會東看西看，可是等到心靜以後就不再
東看西看了。我們可以想一想朱子的養得來條暢的話，這
是說身心舒暢，無拘無束。在心靜而雜念盡消的時候，有
時會突然想起經書上的道理，這個時候，不要去壓抑，而
是把這個道理拿來好好的想一下，說不定會有什麼新的領
悟，心有所思則思，等到想通以後，又復歸平靜可也。在
靜坐中，或有來人，或有人捎信來，或妻子家僕來問事，
這時就照常應答，等到事情完了以後，再歸於平靜可也。
在鳥聲、風音在心中迴響之前是未發的狀態，等到知覺到
是鳥、是風的時候就成了已發的狀態。這是在專心專意靜

坐時應有的體味。用眼睛來看東西也是同樣的情形，鳥飛青空，草迎風動，這些都是在靜中自然映入眼中刻入心中的景象，當我們注意到這些景象的時候，我們的心就已經進入了已發的狀態。可是，當我們在處事接物的時候，往往喪失這種在靜坐中所存養的心而隨波逐流，這就已經不是靜的本旨了。不管在靜的時候或動的時候都應該以主靜為本。在平日起居坐息之間要盡量維持安靜沈著，旣使在很短的時間裡喪失了靜坐之心，整個主靜的工夫也就要歸於徒然了。所謂敬者靜之工夫的意義也就在這裡。在靜坐中平息雜念就是敬了。打瞌睡的時候打起精神來也就是常惺惺之敬也。實行靜坐才能充分體會敬之滋味，不行靜坐則不得而知也。

　　同是崎門弟子，絅齋則認爲靜坐只不過是存心中之一事而並未加以重視，對直方等人的靜坐說也並未表示贊成。前面也說過，在敬義內外說上面，絅齋反對師闇齋以內爲身，外爲家國天下的看法而主張內爲心，外爲身。說到敬，絅齋主張合乎義就是敬，敬是對義而言的，所以他反對固着於敬，因爲，始終執着於敬則會使心和事之間產生隔閡，而不免產生眼光短淺的弊病。所以，動靜各有其應有的姿態，絅齋說：「意無所謂敬與不敬，（中略）我們只要就事處事，不混濛，不散漫就可以了」（寫本，〈絅翁答跡部良賢問目〉）、「使身心之常態常保勿失，把持吾身使如住屋」（同，〈答多田龜運問目〉），以上就是絅齋所謂的敬了。換句話說，存養的工夫就是敬的全部，不問有事無事，動靜之別。在靜的時候、動的時候、有事的時候、無事的時候，能

各行其所當行就是存養，除此以外沒有其他的存養，也沒有更好的存養了。因此，絅齋認爲所謂的靜坐，所謂的主靜只不過是存養中的一種而已，絅齋並不否認靜坐是治療心性急燥的良法，可是，如果耽溺於靜坐則有陷入異端的危險。絅齋曾回答跟從直方唱靜坐的光海的問題說：

> 佐藤氏所言吾不知也，所謂主靜，乃存養全體之工夫，無論動靜，皆以居敬爲主，然而靜之一字易流於異學，故於日常工夫避之可也（〈答跡部良賢問目〉）。
>
> 若以主靜與靜坐爲一事而強調靜坐之重要，則於本旨不合，於學亦有偏矣（同）。
>
> 靜坐並非什麼特別的工夫。今人不知靜坐爲存養中之一事而專務其事，甚者廢日常應接之事也（同）。

一〇、對神道的接近

闇齋在朱子學上的功績已不需贅述，由於池上幸二郎氏對闇齋及崎門朱子學的紹述最爲簡明直截，現在就介紹如下。

謹按，先生於朱子學有功，對後學有益者不勝枚舉。所謂，復原本，刪近思錄、集解，合刻四書，或問輯略，正朱易衍義、大全之誤，刊啓蒙、本義、著卦考誤以明朱易之本旨，編次洪範全書以究箕蔡之奧義，編中和集說以明中和之說，編輯文會筆錄以祗表鄒魯洛閩之正派，論定朱子以後大儒之得失，刊大家商量集以塞異學之源。嗚呼朱子之後，雖巨儒碩學輩出不遑屈指，然足以繼其道統者，除二蔡、黃、李諸子外，惟薛文清、李退溪而已。吾以爲闇齋先生，遠生本朝，得千載不傳之學於遺經，義理精確，體統醇全，其學，其功，豈朱門以下元明諸儒所能及。實不可不謂朱子以後第一人。是百世之定論，非予之私言也。於先生之門奉其學者六千人，其中尤爲秀出者三傑也，佐藤直方、淺見絅齋、三宅尚齋三子是也，佐藤子所談甚高，淺見子所談太正，而三宅之說頗精，佐藤子有道學標的、冬至及排釋、鞭策二錄，淺見子有大學物說，

同補傳，孟子浩然章，仁說問答諸筆記，三宅子有狼疐、
默識二錄，籍以上諸錄可見各人所學之所到處。至三宅子
門人久米訂齋，佐藤子之再傳門人稻葉默齋，窮格精微，
心術謹嚴，門風俊烈，又兼高蹈物表，紹述發揮先生之學，
無復有遺蘊也。淺見子門人若林強齋，壁立萬仞，以道自
任。正大高明之學，屹然之師傳，全在斯人也。除此之外
又有垂加神道派，充分闡明皇祖皇太神之道。後生奉先生
之學者如風集雲湧，形成學問源流之著者而有世界之十分
之三皆山崎學徒之歟也。蓋先生沒後至今二百五十餘年，
日本儒學史上之山崎學蔚然形成一大正宗。於尊王論發達
史上，山崎學派之偉業世巳成定論，予不復贊言也（《續
山崎闇齋全集》中卷序——昭和十二年五月一日）。

　　上文所敍述的主要是崎門及崎門派之朱子學，關於崎門的神
道，只提到垂加神道派闡明了皇祖皇太神之道一事而已。如衆所
周知，闇齋首唱垂加神道，在日本神道史上留下了很大的功績。
日本的神道因爲受到了儒教和佛教的影響而開始具備教學上的理
論體系，而這已經是進入中世以後的事了。鎌倉時代的伊勢神道
是日本神道的第一期，室町時代的吉田神道是第二期，江戶時代
的垂加神道則於儒教體系上集二者之大成而形成了第三期。從形
式上來看，這三大神道代表了中世教學的形式，後來又出現了與
此對立的，代表江戶後期神道的復古神道，這是神道形成史上的
第四期。神道的原始根據是《古事記》《日本書紀》的神代卷，
神道的發展及擴充則來自對記紀二典的解釋。儒教是在孔子手上
成立體系的，佛教爲釋迦所創始，基督教爲基督所開示，可是，

神道則與這三教不同，並不是由一個人所獨創而組織形成，也不是由什麼特定的開祖來完成教理的發展的，神道是日本民族信仰上的宗教思想，配合祭政教一致的日本國體而產生的東西。日本的精神史原來是在攝取吸收外來的儒教佛教之下而展開的，這是大家所公認的，可是，這與其說是傳統的東西與外來的東西的互相調和折中，不如說是傳統的神道消化同化了外來的東西而豐富了自己的內容來得更爲恰當。我們只要一讀記紀的神代卷就會知道，神道當然有其獨自的人生觀、世界觀，只不過不像儒教、佛教一樣擁有高度組織的理論體系和教學體系。可是我們却不能因此而看到伊勢神道在理論構成上有學習佛教的地方就論定其內容是佛教的東西而沒有神道的獨自性，我們也不能看到闇齋的垂加神道在理論構成上有吸取儒教的地方就論定其內容是儒教的而沒有神道的獨自性。從表面上看來雖然有折中附會的地方，而實際上是假借儒教、佛教的理論和概念來發揮神道的本旨，以使其傳統重獲生命。這與宋學藉着佛教的理論和概念來發揮儒教的本旨以恢復其傳統是同樣的情形。如果像日本古學派或古文辭學派一樣，批判宋學，說他們與佛教附會折中，那就可以說是對宋學的本質完全無知了。批評神道折中附會的人也是同樣的情形。闇齋窮究了朱子學的精髓，所以，他用朱子學上的話來說明神道，可是我們如果因此就論斷闇齋的神道附會了朱子學，那就有失妥當了。

　　闇齋旣然信奉朱子學，可是爲什麼又向神道接近呢？其中的理由可能有好幾個，我們首先可以想得到的理由是有關闇齋的爲人及其家庭環境。根據《山崎家譜》的記載，闇齋的父親給闇齋一幅古字，並對他說：

> 先君性正直，有武志，自少持古筆三社託宣一幅，深護
> 之，朝夕誦之，將拜覽，必盥漱，著道服袴掛之，吾等幼
> 時，或觸之，則叱之，吾亦依先君命，自少誦之。

從上面這段話我們可以知道，闇齋的父親年輕的時候就信仰
神道，而這種信仰可以上溯自闇齋的祖父。闇齋是在幾歲的時候
從父親手裏接過這幅墨蹟的，我們並不清楚，不過，我們從上面
的話可以知道，闇齋從小就親眼見到父親信仰神道的姿態。根據
《家譜》中的記載，闇齋對雙親擁有很深的感恩之情，所以，他
可能在父親的感化之下，不知中覺地產生了神道上的情操。闇齋
的父親雖然擁有神道信仰，可是，他並沒有視佛教、儒教爲異
端，所以，他不但不反對闇齋親近佛書和儒書，反而鼓勵他讀這
些書以勉於學，他自己對神、儒、佛也不堅持任何門戶之見。所
以，闇齋自幼即讀佛書，前面也說過，他在八歲的時候已經能夠
暗誦《法華經八部》。對儒書他當然也不陌生，在儒書方面，他
很可能從小就接受了庭訓。《家譜》上說：

> 父君平居無事，從容乎庭樹之間，時使從嘉小子讀小學書
> 及嘉詩文，聞而樂之。

可見闇齋的父親對儒書也是很熟悉的。不過，就像前面說的，闇
齋必然是把從父親手上接過來的三社託宣深深地銘記在心中的，
三社託宣之教訓是「正直」，這是自祖父以來的信仰，闇齋的父
親形容祖父爲「先君性正直」，闇齋也形容父親爲「父君，性正
直謙遜」。《家譜》是闇齋手記的，根據《家譜》中的敍述，闇

齋的出生是出自神意，第一章敍述說，闇齋的母親於夢中參詣近江的坂本神社，在祭拜鳥居的時候，一老翁折梅花一枝與母親，母親納之於左袖中，遂孕闇齋。在《家譜》裏面隨處有夢見神意的記述，這些都與闇齋的神道信仰不無關連。

　谷省吾氏也曾經說過，闇齋有關三社託宣的記事最早出現於明曆元年（1655）三十八歲十二月九日的「伊勢太神宮儀式序」（《全集》《垂加草》）當中。這一年的春天，闇齋首開講席，講義《小學》《近思錄》《四書》《周易》等，於第二年的十二月二十二日結束講義（《家譜》）。所以，闇齋接觸三社託宣是與他開講儒書在同一個時候。在「伊勢太神宮儀式」當中，闇齋引用天照大神的託宣的話如下：「神先垂祈禱，冥本加正直」。後來就產生了「垂加」這個靈社號。寬文三年（1663）四十六歲的九月，闇齋伴同雙親和兩個姐姐一同參宮，當時作了下面這首詩：

　　千秋神在祭儀新
　　時致拜參親子人
　　正直勅宣吾不貳
　　一心階下仰天真

作這首詩的事在《家譜》中有記載。寬文十一年（1671）五十四歲十一月得到吉田神道的秘傳並接受垂加靈社神號的時候也在自贊中說道：「神垂祈禱。冥加正直。我願守之。終身勿忒」（《家譜》），這在第一章也提到過。

　根據《家譜》的記述，闇齋於明曆元年第一次說到「神垂祈

禱，冥加正直」的託宣，兩年以後的明曆三年（1657）四十歲的
正月七日，闇齋爲了起稿日本的歷史書《和鑑》而參詣了京都的
藤森神社，並作前記的「廟前端拜，感慨頻頻」的詩，表現了
他對《日本書紀》作者舍人親王的敬仰以及他要究明神代卷的誠
意。可見當時他已經充滿了研究神道的熱情。《和鑑》在草稿尙
未完成的時候就被闇齋親手燒却了，不過由於八十七卷的目錄收
在《垂加草》的付錄裏面，所以我們可以知道有些什麼大綱。我
們把《和鑑》的目錄拿來和光圀的《大日本史》的目錄對照來看
的話，我們會發現二者是相當一致的。《和鑑》這本書似乎是在
參考國史以及廣涉雜史的情形下着手著述的（《垂加草》第十，
〈東鑑曆算改補序〉）。闇齋著《和鑑》的目的無他，是要以朱
子《資治通鑑綱目》的史觀爲根據來解明日本的歷史並藉以闡明
日本的國體。尙齋的《默識錄》有下面的敍述：

> 吾國皇后君臨天下者，皆模仿司馬遷作呂后本紀之史書例
> 納入王朝數目之內，此十分有害於名分也。闇齋之《和鑑》
> 目錄不納此於王朝數目內，此爲比照范祖禹之《唐鑑》者
> 也。

總之，闇齋是倣效朱子的《綱目》，以名分爲本來著作史書的。
至於闇齋所以要倣效《綱目》的理由，我們只要讀了下面綱齋
《劄錄》（岩波書店《日本思想大系》引）中的文章，就應該會
很清楚了。

> 凡古今記錄之法有三，如《春秋》《通鑑》（司馬光之《資

治通鑑》）以年月甲子為順者謂之編年。為各人分別寫傳
者是為紀傳。又記錄一事之經緯者謂之記錄或事記。大致
不出此三者也。《春秋》編年體也，《書經》事記體也，
《國語》《戰國策》亦屬事記體。《史記》《漢書》等為
紀傳體也。朱子於袁機仲《通鑑紀事本末》序中記曰，
《史記》以來，二十一史皆以記傳體為主，故編年之法廢
而治亂盛衰之始末難見矣。務記錄之學者不知此事則不足
執筆也。舍人親王之日本紀，編年體也，繼續其故其迹之
續紀，後紀等皆先後解明我國歷代變遷之軌跡，為後世所
仰望也。至保元、源平盛衰記、太平記等，以事記為主而
非編年體之故，隨年月推移，難見始末，讀者如不細加考
量則難知事之前因後果。故南朝之正統不明確，京都亦不
以南朝為主，皆因名分之學不明，只知引發人之興趣而不
以實錄之前後順序為主之故也。惟編年之法以年為單位，
如事情延續至第二年，則其間混入他事，故不如將一事之
本末收於一篇，如太平記者來得清楚。如採用二者，相互
參考，則益見詳細矣！又，編年之法記載國家之治亂事實，
不分載各人之事，故不如紀傳之法對個人記載之完整，總
之，以編年為主，以事記，紀傳兩者為其助，則記錄之法無
所缺憾矣。《王代一覽》（林春齋之日本王代一覽），《日
本通記》（長井定宗之本朝通紀）等為近年儒者所書之物，
體為編年之體，善雖善，然所載事實皆有誤也，且甚簡略
又雜然，可疑處甚多，故如不務名分之學，雖有記錄天下
一統之志，雖道理明確，然畢竟難成其事也。古今事蹟浩
繁，不盡考天下祕書紀傳則難明也，因不知考察何處，故

匹夫之力難及也。通鑑徹底考察了司馬溫公天子之文庫，
故有成就也，溫公之學因不明治亂名分之學，故正統之誤
甚多，朱子於通鑑中立綱目以明編年之順，事實亦精細，
於是非得失，三綱五常之名分亦無缺失也，誠可謂天下古
今貴重之書也。吾日本神武天皇以前，時代太久遠，對於
人王以降，以編年紀傳之書正是非得失之經緯，如朱子綱
目之所為，尤為當務之急也。山崎先生編倭鑑，後聞東武
出了本朝通鑑而予以燒棄。其中一二言留於江戶紀行之詩
集序等中，平生不得聞其所遺棄者，可惜！觀太平記等之
目錄，其體裁有害於三綱五常之名分甚也。如能使目錄對
體裁產生助益，則綱目之余意亦可保存也，吾有心於此，
然無暇執筆，思之所及，姑且記之。

讀了上面的文章，我們大致可以知道《和鑑》的體裁內容以及闇
齋燒却此書的理由。

闇齋的《和鑑》是立腳於以義理名分為根本的史觀，從這一
點來看，可以匹敵水戶光圀的《大日本史》，此外，有關歷史的
著作還有《本朝國號考》《本朝年號考》等，他企圖藉着這些著
作來解明不同於中國的日本國體的特色。

一一、名分論㈠

闇齋所以會接近神道，其中的一個原因也可以說是來自他的
民族主義的歷史觀，而他所以會擁有這樣的歷史觀乃是因爲他通
過朱子學（也可以說是宋學）而深切地傾心於《春秋》大義的緣
故吧！所以，闡明朱子春秋說的由來，理解其中的特色也就可以
知道闇齋名分論的根源所在了。在春秋說上，朱子還推崇了唐的
趙啖、陸淳以及宋的孫明復、胡安國（《朱子語類》卷八十三）。
趙啖與陸淳的春秋說不執着於傳統而有獨自的解釋，這是其特
色。 宋代的儒者繼承了他們這種解經的態度， 結果， 對於原來
被信奉爲神聖不可侵犯的經典也產生了批判的風潮。比方說，劉
敞著《七經小傳》，歐陽修著《易童子問》，王安石著《三經新
義》，在這些解經的書裏面，我們可以看到從漢唐訓詁學、注疏
學解放出來的痕跡以及對經典的批判態度。此外，宋儒又在對倫
理的深切自覺及實踐的精神下，痛切地體會到了聖人之學，也就
是正學的意義，因此，在經學方面也開拓了嶄新的一面。清錢大
昕在〈孫明復小集序〉中說：

　　宋盛時談經者，墨守注疏，有記誦而無心得，有志之士若
　歐陽氏二蘇氏王氏二程氏各出新意解經，戟以矯學究專己

守殘之陋，而先生實倡之。

歐陽修評明復春秋論說：「不惑傳注不爲曲說以亂經，其言簡易，明於諸侯大夫功罪以考時之盛衰而推見王道之治亂，得於經之本義爲多」（《孫明復小集》附錄、歐陽修撰〈孫明復先生墓誌錄〉）。朱子論說到陸淳和明復的春秋說而有下面的敍述：

> 近時言春秋者皆是計較利害，大義却不曾見，如唐之陸淳本朝孫明復之徒，他雖未能深於聖經，然觀其推言治道凜凜然可畏，終是得聖人個中意思。（《朱子語類》卷八十三）

明復的春秋說是基於嚴肅的倫理思想，以義利之分來區別儒與異端（〈春秋尊王發微〉《孫明復小集》，〈信道堂記〉，同三，〈儒辱〉等）。因此，他推賞去利說義的董仲舒（《小集》一，〈董仲舒論〉）。這種建立於義上的春秋思想傳給了安國，安國以《春秋》爲傳心的典要，他說此書雖根據魯史的舊文，可是在孔子手中而成了傳心的典要（《伊洛淵源錄》卷十三，〈胡文定行狀略〉）。安國所以會有這種看法也是因爲他私淑以《春秋》爲經世大法的程伊川。宋的張橫浦曾說，近世之春秋學，程伊川開其端，劉質夫廣其意，至胡安國而其說大明（《橫浦日新》）。朱子之師李延平也推賞《春秋胡傳》，以其爲諸家之規準（《延平答問》），朱子友人呂東萊舉出伊川的《易傳》，范祖禹的《唐鑑》，謝上蔡的《論語》以及《胡傳》爲朝夕相親之書（《呂東萊文集》四，〈答囂與言〉）。可見在當時，《胡傳》是春秋學的代表性著作，朱子曾說，《胡傳》之史實有出於臆度

者，而且對其細部似有不滿處，不過，朱子還是主張要信從其大綱（《朱子語類》卷八十三）。朱子舉出董仲舒「仁人正其誼不謀其利，明其道不計其功」之語（《漢書》卷五十六〈董仲舒傳〉），說：「一部左傳無此一句」（《朱子語類》卷八十三），對《左傳》的功利思想加以非難，這不能不說受到了徹頭徹尾講求義理的《胡傳》等的影響。

在《春秋傳》裏，安國不僅徹底講求嚴正的義理，明辨天理與人欲，義與利，還主張正名分，講求尊王的大義，並且因有感於時世而闡述華夷之別，唱復讐論，主張在義理之下應該爲君父報仇，如忘此義，則必至於廢人倫滅天理。朱子也說：

> 正其誼不謀其利，明其道不計其功，尊王賤霸，內諸夏外夷狄，春秋大法正是如此（《朱子語類》卷八十三）。

上面這段論說固然是針對中原爲金占領以後的南宋的處境而發的，不過，這是繼承了安國之說也是一目瞭然的事。孝宗隆興元年，朱子受命於垂拱殿向孝宗建白自己的學說，朱子事先先去請教老師李延平，延平對他說：

> 今日三綱不振，義利不分，中國之道衰，夷狄盛，皆由此來也。故人只趨利而不顧義，而主勢孤。

朱子將延平此說建白於孝宗並大論內外之治道。（《朱子文集》卷一三，〈垂拱殿奏劄〉一·二·三）。延平之論自然也是根據安國之說的。朱子在〈戊午讜議序〉（同，卷七五）及給陳侍郎

的書簡中舉出《禮記》的「君父之讐，不共戴天」，主張復讐論，這也是來自安國之說。

安國有致堂和五峰二子，傳父學，尚氣節重大義。安國因為程門游廌山的推介而與秦檜為交，失去了知人之明，他的兩個兒子深感痛心斷然不屈於檜，公然拒斥他的招聘以雪父親的污名（《伊洛淵源錄》卷十三、〈胡文定公行狀〉、《朱子語類》卷一〇一）。致堂貫徹父安國的義理之學，著《讀史管見》三十卷以闡明歷代之史實，又著《崇正辨》三卷，切論家學之排佛說。致堂繼承父親之精神，闡明君臣之義，華夷之分，君子小人之別，天理人欲之辨（《讀史管見》，〈劉震孫跋〉）。他不滿司馬溫公之論，比方說，他反對溫公的王霸無異同的主張，他說，王霸混同非《春秋》之義，他闡明孟子的王道論，以辯駁溫公的《疑孟》之說（同，卷二）。溫公認為王位的正閏論是沒有意義的，致堂對此也表示了他的不滿（同，卷五），總之，《讀史管見》的目的是要根據經義來解明史實（同，〈張溥序〉）。朱子曾批評致堂說，致堂偉大富才氣，議論英發，然粗枝大葉，不重細處，《管見》亦只是把記憶的東西原封不動地錄下來而已，於議論有牴牾處，也有應該削除的部分（《朱子語類》卷一〇一）。不過，我們讀朱子的《資治通鑑綱目》，其中的大義有許多是根據致堂的《管見》，其議論有不少節錄自《管見》之說。張溥在崇禎版的《管見》中，把這些地方一一明示於欄外。所以，張溥以《管見》為《綱目》的嚆矢，也不是沒有理由的（〈管見序〉）。

五峰著有《知言》六卷，《皇王大紀》八十卷。五峰認為，天理人欲沒有比《春秋》辨別得更為清晰的。聖人教人除人欲復天理，而這聖人之教沒有比《春秋》更為深切的（《知言》卷

四）。由此可見，五峰也繼承了父親安國的《春秋傳》的精神。
《大紀》就是本於這種精神而寫的。五峰在《皇王大紀》中說，
經書記載的是義而史書記載的是事實，如於史書有疑，則毋寧捨
史取義，如於義上有疑，則藉事實以證義，如只採信事實而忘義
的話，則經史無用也。（《皇王大紀》七，〈三王紀〉）。五峰的
這種精神不就是以義理為本的《胡傳》的春秋思想的精神嗎？在
《大紀》中，五峰站在義理的觀點上，從代代相傳的史實中，指
出有歪曲事實的地方而予以排斥（《大紀》、〈三皇紀〉、〈五
帝紀〉。《五峰集》二、〈與彪德美〉等）。五峰說：「為天下
者必本於理義，理也者天下之大體也。義也者天下之大用也。理
不可不明，義不可不精。理明然後綱紀可正，義精然後權衡可
平。」此論當然是根據了以義理為經世大法的伊川、安國的春秋
論。不過，在明確地表示基於大綱大經的撥亂反正的精神上，五
峰之論仍然使人感到有不及《胡傳》的地方。所以朱子說：

> 文定大綱說得正確，微細處五峯尤精，大綱却有病。胡文
> 定說較疏，然好。五峰密，然有病（《朱子語類》卷一〇
> 一）。

華夷之辨是胡學的特色，《大紀》亦論及於此，其中還有不拘泥
於形式的地方（《知言》卷六）。總之，朱子的史學繼承了上述
胡學的春秋思想，這是不容懷疑的。闇齋再通過這些而弄清楚了
《春秋》的大義。所謂《春秋》的大義究竟是什麼呢？一言以蔽
之，那就是名分。闇齋以本於名分的史觀來看日本的歷史，結果
對日本的國體產生了自覺。這不僅限於闇齋，幕府儒官林家的宗

師林羅山的《編年史》，光圀的《大日本史》，山鹿素行的《中朝事實》等也都是基於相同的史觀而編著的，只是，闇齋在這方面表示得特別顯著而已，也因此使他提倡民族主義，並且產生作為一個國民的自覺以及對日本國體的認識。在《先哲叢談》（卷三）中記載着下面這段逸話，從這段逸話裏面我們可以一窺闇齋的民族主義的精神。

　　有一次，闇齋面對許多弟子問道：「如果現在中國以孔子為大將以孟子為副將率領數萬兵馬來進攻日本的話，我們這些學習孔孟之道的人應該怎麼辦呢？」弟子們不知如何回答，他們問闇齋說：「我們不知應該怎麼辦才好，願聞先生意見」。闇齋說：「如果不幸真的遇到這種災難，我們只有身披冑甲，手執武器與他們一戰，擒孔子、孟子以報國恩，這才是孔孟之道啊」。後來，門人見到伊藤東涯，提到這件事情說：「我們的闇齋先生可以說通達了聖人之旨吧！不然的話，他怎能如此地把握深義呢」，東涯微笑曰：「閣下不必考慮孔孟來攻之事，予可保證也」。綱齋在《中國弁》中舉出下面這段闇齋文語，如唐欲征服日本，即使是以堯舜文武為大將率軍前來，吾等亦以石火矢還擊之，此乃大義也，如以禮義德化來征服，吾等亦不屈為臣下，此乃春秋之道，是吾天下之道也。

上面這段話是說，像堯舜文武這樣的聖人天子率大軍來侵犯日本的話，自然要以火砲將之擊退，此乃大義也，同時，如果以道德文化做為征服的武器，也不可屈服為臣下，此為春秋之大義，吾

天下之公道也。闇齋又說：

> 昔日本開國時，伊弉諾尊及伊弉册尊奉天神卜合之教，順
> 陰陽之理，正人倫之始。宇宙僅一理而已，故神人出於日
> 出之日本，聖人出於日沒之中國，其道與自然妙合，吾人
> 不可不愼思也（《垂加草》第十、〈洪範全書序〉）。

　　提倡神儒一體的闇齋認爲當時的儒者尊中國卑日本是不可以
的。日本自從與隋唐互相交往以來，產生了崇拜中國之風。其間
只有菅公提出和魂漢才之語。德川時代，朱子學等中國的新儒學
開始流傳，到了元和、寬永之際盛極一時，而當時的儒林仍然不
改崇拜中國的風氣，伊藤東涯也是其中之一人。後來的徂徠雖然
主張尊重日本的國體，但是仍然有尊中國貶日本的傾向。只有闇
齋及其學派本於大義名分，強調國體的尊嚴，爲吾國一吐萬丈之
氣。

　　日本的儒者以產生於中國的儒教爲宗旨，所以，他們對於闇
齋的民族主義思想感到不習慣也是當然的事吧！可是，站在《春
秋》大義的立場來看的話，闇齋的主張也是理所當然的。這裏所
說的大義也就是要區別中國與夷狄，講求所謂的華夷之辨。闇齋
的民族主義爲什麼要根據《春秋》的華夷之辨呢？有關這點的詳
細理由，闇齋的門人絅齋在他的《靖獻遺言講義》、〈答跡部良
賢問目〉及《中國弁》中說明得很清楚。絅齋對闇齋的大義名分
作了更深一層的探討，並強調其重要性。《中國弁》是集絅齋華
夷之辨大成的著作，在開頭的地方，絅齋先批判了儒者以日本爲
夷狄而輕視日本的看法，認爲他們是不知名分大義的人，絅齋說：

中國夷狄之名見於儒書久矣，故吾國儒書亦時有言及，讀
儒書者，以唐為中國，以吾國為夷狄，甚者以吾生為夷狄
而悲歎，甚哉！讀儒書者不明書中真義，不知名分大義之
實，誠可悲之至也。夫天包於地外，地上無處不戴天，故
各國以其土地風俗一分天下，無尊卑貴賤之別也。唐土分
九州，上古以來風氣互開，言語風俗相通，自成其天下
也。其四方周圍，風俗不通之處，各成異形異風之國，近
九州達通譯處，在唐看來自為邊土，故以九州為中國，外
圍為夷狄也。不明此理，見儒書稱外國為夷狄而以為所有
萬國皆夷狄，不知吾國獨立於他國而與天地共生之理，甚
哉其誤也。

發起中國夷狄之論的是闇齋，這從下面這段直方《華夷論斷》
（《韞藏錄》卷十四）中的敍述可以知道：

垂加先生主張神道以來，有日本亦中國之論，證以程子之
天地無適不為中之語，並以朱子之說為可疑，見於程書抄
略上卷細字中。根據直方的記述，有學者附和闇齋之論，
而又有許多人認為有關中國與夷狄的問題早已成定論，議
論紛紛，莫衷一是，結果使得初學者無所適從。本來，最
早提到中國、夷狄的是中國的聖賢，這是根據天地全體的
地形所發的議論，一般學者都知道這件事，可是最近，有
人以道德的盛衰來區別中國與夷狄，有人說每一個國家都
有中國與夷狄，這些都是不從古聖賢之成說的看法（《中
國論斷》）。

我們從絅齋的《靖獻遺言講義》中所論述的正統論及中國辨可以知道這本書是將闇齋的民族主義思想加以引伸發揮而成的著作。正統論所檢討的是，魏、蜀、吳三國之中那一個是正統的王室，在經常發生革命的中國，要爲這件事下判斷是很困難的。在日本，由於自祖先以來，王位代代相傳，沒有中斷，故能維持正統的純粹性，君臣之義即發源於此，絅齋認爲，這種情形只存在於日本，他說：

> 吾國，自開天地以來，正統延續，萬世君臣之大綱不變，是三綱之大者，他國所不及也。

此外，絅齋對當時一味仰慕中國，鄙視日本爲夷狄的儒林之風表示了他的慨歎如下：

> 提到中國與夷狄一事，一些糊塗學者見唐書稱日本爲夷狄，則感到委屈羞恥，歎己身生爲夷狄，誠浮淺之見也。天下無有貴於生我之國也，國雖小，無不同也，與唐人同受日月之照耀，如因唐人寫夷狄即自怨自哀，是如同遭人吐唾不予拂拭而泣者也。或曰聖人亦有夷狄之說，此爲唐之聖人立於唐土而有此說也，日本聖人則必以此方爲中國，彼方爲夷狄也。或曰此非與中國反目耶？非也！此乃所謂義理者也，不知大義者必迷惑於此。（寫本《靖獻遺言講義》）

絅齋主張不可稱唐爲中國，稱日本爲夷狄，他把日本稱作中國，

把異國稱作夷狄。直方一派的人反對這種說法，以致於議論翻
騰，尤其是跡部良賢，接受了直方之意而與絅齋相互質疑論駁。
有關直方的中國論，我們從前記的《中國論斷》的文章中可以加
以推察。絅齋與良賢之間的答問書簡通稱爲〈淺見絅齋答跡部良
賢問目〉（或稱〈絅齋答問書〉）。由於有良賢等人的辨駁，所
以，絅齋把自己的看法加以修正如下：

> 中國夷狄之名源於唐土，以其名稱吾國是模仿於唐也。若
> 以吾國爲內，異國爲外，明辨內外賓主，稱吾國，稱異
> 國，皆合情合理也，或有其他稱法，若皆合於上法，則無
> 不明之處也。予前以日本爲中國，以異國爲夷狄，因中國
> 夷狄之名引發議論紛紜，遂又論及名分也。

絅齋的名分論充分發揮了闇齋的主旨，這從下面這封絅齋回答良
賢的書翰中可以看得很清楚。

> 中國夷狄之名是以唐土爲中心之稱呼，吾國不用此名也。
> 天地之間，日月無所不照，諸國與造化同生，無誰上誰
> 下，各國以己國爲主，視異國爲異國，此乃義理之自然
> 也，若以唐爲在上之中國而他國在下，則是偏私之見也。
> 察代代聖賢中國之說，可以天地全體之公理證之，古聖賢
> 以唐爲中國之說亦然，聖人以吾國爲主之旨一致也。信聖
> 賢之言雖善，然固守儒書有限之教，對他事充耳不聞，則
> 聖人之書亦無所大助於實用之事也。
> 聖賢信神靈，吾國亦有神靈。使吾國安於夷狄之賤名，則

吾國百代帝王之神靈將如何哉！（中略）生於日本者，唐、天竺皆異國也，吾君臣正統之本國是為日本，無論何時何地皆以吾國為主，不居異國之下，此乃代代相傳之義理，只知以唐為主是讀儒書者之弊也。（中略）山崎先生嘗曰，中國夷狄之說，雖以夷狄居中國之下，然若就吾國大義而言，則既使堯舜文王來攻取吾邦，吾等亦於西海之浦以石火矢抵抗之，此乃大義也。此言誠格言也。道乃天地之道，可通行於天下，無彼此之隔，各國之名分無上下之分。（中略）或謂以日本為主，排斥夷狄之賤號就如同把當盜賊之親人視作賢人一樣，此比喻甚為不當。對尊為親長者，雖有貧富大小賢愚之別，不應覺得絲毫羞恥或使之居於人下，尤其是自居夷狄者，就如同指親為盜，以吾親長為天地不易之盜人也。此等事非同心人則難解，哀哉可歎哉。中國之名乃模仿於唐，實無必要也，如不得已言之，則應以吾國為主，稱之為中國也。若以九州為中國，以天地間之萬國皆夷狄，則是偏曲之見也。敘述至止，總之，以各國之立場來看，吾國皆為主，異國是異國，分清主客之名分，則無不明也。

直方在《華夷論斷》中批判了絅齋的華夷論，對於其中的詳細部分在此予以省略，簡要言之，直方是站在尊崇中國的立場，對絅齋的民族主義，國粹主義的看法加以批判，比方他說：「眷愛祖國之心誠足佩服，然無視於天下之公理，擾亂聖賢成說，誠痛心之事也」「中國夷狄之分，論斷明白，無可懷疑。或謂，生於日本之人無所仰慕於唐，是無學之見也，今讀聖賢書，務居敬

窮理之人，自然尊崇唐也，因四書五經皆中國之書，其中所記爲
中國文字之意義及文義之法，以日本規戒庭訓之類的文字，到底
無法理解聖賢之意也」。

一二、名分論(二)

　　宋明儒者特別強調義利之辨，經常引用前面說過的董仲舒的
「正其義不謀其利，明其道不計其功」的話。闇齋也藉用這句話
來說明義利之別。朱子以仁為五倫最高之德，〈仁說〉（《朱子
文集》卷六十七）〈玉山講義〉（同，卷七十四）等闡明了其中
的眞髓。闇齋從《朱子文集》當中把朱子此說抄錄下來，發表彰
顯於各處。對信奉朱子的闇齋來說，這是理所當然的事吧！不
過，和仁比較起來，闇齋似乎更重視義，崎門派的儒者對於出仕
進退較其他儒流愼重而嚴格，這也是闇齋以來重視義的結果。闇
齋固然深知聖賢以仁為最高之德，可是，他為什麼特別在義上下
工夫呢？宋明儒者主張仁義均具備於天命之性中，可是，在追求
仁義的工夫上是否有難易之別呢？比方說，就父子的關係而言，
雖然說：「父子有親」，強調仁愛的重要，可是，這是人類天性
的自然產物，是親子之間不可或缺之物，這是很容易理解的事，
所以實行起來也不困難。但是，君臣之間的義就很難理解為是基
於自然性情的產物了，因此，實行起來需要很大的努力。不過，
卽使是仁，要達於極致也不是容易的事，因為，仁義是不可分離
的，如果不在困難的義上面努力下工夫的話，眞正的仁的精粹也
就無法獲得了。闇齋就是因為在這點上作過深切的思考，所以才

那麼重視義吧！在五倫方面，闇齋也非常重視君臣之義，強調切實的體認自得。充分理解闇齋的這種精神而加以發揚的就是絅齋了，他曾說：

> 人倫之中，君臣父子乃仁義之發祥大端，在吟味體認上，沒有比此二者更為重要的，父子之間乃骨肉之親，故無時無地不存在於心中，至於君臣之義，因為根本上是他人，總是會涉及理而無關於心，古今君臣之義之毀於一旦者，其原因在此也。故以理論其事者非切實之吟味也。（寫本〈拘幽操師說〉）

絅齋強調了心中切實的吟味比理論更為重要，這點我們需要注意，因為，從這裏我們可以一窺崎門派的切實的實學精神。絅齋又認為，子愛父與臣愛君之心沒有厚薄之別，因為二者都是性之至情的產物，如果認為二者有別，則是基於俗情的看法（同）。絅齋的這種議論可以說充分體得了闇齋之意。

闇齋所以強調君臣之大義，是由於他重視名分的緣故。有關闇齋的名分論，可以從他的〈拘幽操〉（《全集》下）、〈魯齋考〉（同，《垂加草》付錄中）、〈湯武革命論〉（《垂加文集》上之二）、〈嚴子陵論〉（《垂加草》第七）、〈土津靈神碑〉（《垂加文集》三）等著作中知道其中的大旨。

〈拘幽操〉是敍述以無罪之身為紂幽閉於羑里，却對紂無所怨尤反而自我譴責的周文王的心境，為唐韓退之所作，闇齋先把全篇抄下，再從《程子遺書》《朱子語類》當中錄下有關之說作為跋而加以發行，企圖藉此說明君臣之大義。日本的〈拘幽操〉

的公開始於闇齋，此書簡要而盡意。絧齋又將〈拘幽操〉以及有
關放伐論的程朱等諸儒之說加以集錄而著成〈拘幽操附錄〉，使
得闇齋的心意廣泛地爲人所理解。絧齋又有〈拘幽操師說〉，這
是絧齋在講義〈拘幽操〉時，若林強齋所作的筆記。絧齋似乎經
常講義〈拘幽操〉，阿部隆一氏說，除此之外，講述筆錄的還
有兩種（《日本思想大系》引，解題拘幽操師說）。尙齋有留守
信友所筆記的〈拘幽操筆記〉，直方也有丹下元周所筆錄傳世的
〈拘幽操〉，關於直方的〈拘幽操〉，究竟是否確實是直方的講
義，有人表示懷疑（同，解題拘幽操弁）。闇齋的〈拘幽操〉很
受到崎門派的重視，所以諸家的講義和注釋書很多。根據阿部隆
一氏的考察，除了這裏所舉的以外，還有講義者不詳的〈拘幽操
講義〉、〈拘幽操口義〉，山口雪櫻（維深）的〈拘幽操輯注〉，
花澤文二（林潛齋）所筆錄的稻葉默齋的〈拘幽操講義〉，熊野
篤行（饒田實齋）所筆錄的櫻木闇齋的〈拘幽操師講〉，留守希
齋（信友）的〈拘幽操困吳錄〉，以及小出惟知的〈拘幽操集解〉
等（同，解題〈拘幽操附錄〉）。

　　〈拘幽操〉是稱頌仕殷紂王的西伯，也就是周文王的大義之
作。紂王暴虐無道，課民以重稅，嚴刑苛罰而他自己則耽溺於酒
池肉林，處罪犯以炮烙之刑，肆行淫虐。號稱三仁的微子、比
干、箕子向紂王進諫不爲所納，結果，微子去殷，比干被殺，箕
子也成了囚犯。當時，文王與九侯、鄂侯同是紂之三公。九侯、
鄂侯均被殺，文王則因爲積德受衆諸侯擁戴而遭到讒言中傷，說
他無益於紂王，終於被囚禁到河南彰德府湯陰縣北方九里的獄屋
羑里。後來，文王之臣散宜生以美女珍寶獻紂王，文王才得到赦
免。〈拘幽操〉是韓退之頌詠遭受寃罪而不怨尤，反而一心向著

君主的文王的惻怛之情而作的，下面就是〈拘幽操〉：

文王羑里作

目窅窅兮

其凝其盲

耳肅肅兮

聽不聞聲

朝不日出兮

夜不見月與星

有知無知兮

為死為生

嗚呼臣罪當誅兮

天王聖明

所謂〈拘幽操〉究竟是什麼意思呢？我們藉尚齋的話來說明的話，拘是「禁鎖於獄中」，幽是「幽暗」的意思，操是「守節操的意思，這首歌因為是歌詠堅守節操之人，故曰操」。所以，操原來是「節操」的意思，後來成了歌的曲名。《風俗通》記述說：

> 凡琴曲因憂愁而作，名之曰操。操者困阨窮迫猶不失其操
> 之謂也。

〈拘幽操〉又名〈羑里操〉。絅齋對於操的意思也作了如下的說明：

操是配合琴曲的一種歌的形式，操又可讀作ミサオ或卜ル。如有罪而見棄於君則沒有話說，可是，如果無罪而受到讒言中傷，情況就不同了，在這種時候，不僅不去理會讒言，反而毫無怨君之心，就如同說：「我所念之人不念我，此乃我不念念我人之報應也」一樣，自然流露出惓縫惻怛的念君之情，把這種感情以歌的形式唱出來的就是所謂的操。故較一般的歌更為感人。（〈拘幽操師說〉）

類似〈拘幽操〉的還有〈履霜操〉、〈箕子操〉，絧齋也提到過，前者是周的尹伯奇遭到後母的讒言中傷，被父親放逐於野而仍然思慕父親所唱的歌，東漢蔡邕的〈琴操〉也是相同的題材，韓退之也有同樣題目的詩。後者〈箕子操〉的內容是，箕子諫紂王不被接納的時候，有人勸箕子離開紂，箕子說，人臣諫君不為所聽而去，是公君主之惡於世也，余不忍為之，遂披髮佯狂為奴，隱世鼓琴以發洩悲哀，這就是〈箕子操〉。

絧齋和尚齋也提到過，〈拘幽操〉裏面最重要的是最後的「鳴呼臣罪當誅兮，天王聖明」的地方。前面的句子都是在敍述文王在獄中的悲慘狀況，根據闇齋在跋文中的記述，程子曾經說，羑里操中的「鳴呼臣罪……」的句子充分表現了文王的心情，文王的至德也就在這裏，闇齋讀到程子的這些話而了解了〈拘幽操〉的重要，此外，朱子曾說，臣下無非難君父之理，此為君臣之義，這是發自人的本心的自然之物，而莊子則說此為無可逃於天地之間無可奈何之物，這與提倡唯我說的楊朱是一樣的目中無君主的看法。由於〈拘幽操〉充分流露了文王的心情，所以，闇齋把主張君臣之道不可動搖的程朱之說二條附錄於〈拘幽操〉予以刊行。

闇齋的〈拘幽操〉跋文雖然簡約，但充分表現了闇齋的大義名分的骨幹重點，所以，在這裏對其內容略作考察。一開頭闇齋說：

> 天先於地，君先於臣，其義一也。

闇齋舉出《禮記・郊特性》中的句子來說明君臣有先後之別的君臣之義，敬齋在〈拘幽操師說〉中又作了更簡明的解釋如下：

> 上下尊卑，各立名分，乃萬古不動之物，同於天地之位，萬事君導引臣，臣順從君，其義無二，當然之道理也。

闇齋嚴格地規定了君臣之別，認爲這是天地之道，接着又引用《易》《大學》中的話來說明臣道必須行之以敬：

> 坤之六二，敬以直內，大學之至善，止於敬，誠然也。

敬齋又解釋了其中的意思如下：

> 六二言臣之位，敬指無時不以君主爲念，無處不以君主爲重，恰如仰望日月之思也，正如文王所說：「爲臣止於敬」，這不僅限於文王，對誰來說這都是君臣的本色，即使是長於山中的人也是如此的，而文王做到了盡善盡美，是爲萬世君臣之典範也。

闇齋接着又說到武王、泰伯、伯夷、叔齊的事蹟，武王說：「紂
王之罪滔天，天命予誅之，予不順天意，則罪同紂王也」而討伐
紂王，季歷之兄泰伯見古公有意傳位給孫文王，遂隱身蠻夷，把
國家讓給文王之父季歷。伯夷、叔齊見武王於文王死後欲率兵伐
紂而諫之，終不為所聽，在周得天下後，不食其奉祿而餓死於首
陽山。闇齋最後舉出孔子的武王論中的句子說：

> 泰誓（書經）謂：「予不順天，此罪其鈞」。這是泰伯和
> 文王深深忌諱的事，也是伯夷、叔齊所以直言進諫的原
> 因，孔子說武王未盡善的原因也在這裡。

從上面的敘述我們知道，闇齋認為泰伯、文王、伯夷、叔齊的義
是完全之義，對武王之義則稍有不滿，而且，他認為孔子的想法
和他是一致的。

中國是易姓革命的國家，堯舜禹的王位繼承雖然採用了禪讓
的方式，可是殷湯王滅夏以及周武王滅殷的時候誅伐了夏的桀王
以及殷的紂王，自此以來，以武力打倒前王朝成了一般的通例，
文王既然被認為是完成了君臣大義的人，那麼，湯王、武王以武
力推倒前王朝而有人認為他們有悖君臣大義也是當然的事吧！不
過，根據《易》的革卦，《書經》的湯誥、泰誓以及《孟子》的
梁惠王下的記述，二人是順天命應民聲而發動革命的，所以也有
人認為他們並未背義，結果，後世對湯武革命是否合乎義一事議
論紛紜。對這件事，闇齋有什麼看法呢？在《文會筆錄》（卷四
之一）裏面，闇齋引用了《易》《論語》以及《論語集注》，晉
嵇中散、宋李易安、石曼卿以及程子之論，又舉出漢以後的例子

等來說明了君臣大義，總括來說，周是舊國，天命一新而殷正逢
覆亡之時節， 但是， 文王仍然服從於殷， 這是文王之至德所使
然，是天地之大經。湯武革命順天應人，此爲古今之大權。從這
裏可以知道，闇齋是藉孟子的經權論來說明文王和湯武的義。所
謂經是大中至正，權是時中。經是常道，權是變道，而孟子以經
權爲一理。闇齋順從了孟子之說，所以他似乎也認爲湯武並未悖
義。

到了直方， 對經權一理之論作了更進一步的分析， 理路整
然，肯定湯武爲聖人以駁斥湯武批判論，尙齋也與他看法一致，
尙齋認爲， 權是聖人爲了順應時變，在不得已的情況下所採取的
手段。經是萬世之常法，所以，無論賢不肖都能夠實行，而權是
隨機應變的變道，所以，如非聖人就容易犯錯，幸運的是，在平
時可以實行常道，以此爲萬世之法。至於變時所行的變道則不可
以拿來作天下的準則。孔子說武王「未盡善」就是說他不可以把
權道用來作爲天下萬世之法。攻伐之所以不當並非因爲未盡聖德
之故，湯武的攻伐所以不當，是因爲違背經權之義的緣故（〈湯
武論〉）。直方在〈湯武論〉中也有下面的敍述。

> 經權之事，學者之間議論紛紛，時有所聞，經爲常道，鐵
> 定當然之道理，是學者之準則所在，又有變道，是大賢以
> 上之所爲，學者所不能及也。有關湯武伐主，議論紛紜，
> 皆因未理解孔孟程朱之說故也。湯武無絲毫奪取天下之野
> 心，這是誰都同意的說法，湯武所以起兵伐主是因爲桀紂
> 暴虐無道，無所不爲，生民塗炭，湯武生逢此一時節，順
> 應天命而起兵攻伐也，在這種時候，不只是湯武，任何聖

人遭逢此境遇都必然會作同樣的事。

神道者說堯舜禪讓破壞了正統什麼的，這是無知之見。堯如果傳位給自己的兒子則天下必亂，所以他傳位給舜，舜也在同樣的情形下傳位給禹，非不欲傳位給子，子無承當天下大任之器量故讓位給聖人也，堯舜之時勢如此，而湯武的時候又有湯武所必須順應的時勢也，如置孔子於堯舜之時，必行禪讓，於湯武之位又必行改伐也。

武王伐紂，伯夷叔齊恥食周粟，餓死首陽山，如果武王之征伐合於義，則伯夷之恥食粟為不當也，如果伯夷之恥合於義，則武王之征伐為不義也，其間是非一分為二，必有一方不義也。然武王伯夷各有當然之道理，討伐亦合於道，恥食粟亦合於道，並不相悖也。

神儒一體論者，神道論者見吾國皇統連綿不絕，沒有像在中國一樣的易姓革命，而主張這才是王位繼承之道，因而推尊文王，重視〈拘幽操〉，結果，對湯武征伐的意義不作深刻的理解就把湯武說成像是大賊一樣，直方對他們的看法加以批判，說這是沒有徹底在窮理上下工夫所造成的偏見。

直方和尚齋基於經權一理的觀點，主張湯武征伐也順應了大義，他們對於孔子的「未盡善」的武王批判的意思則解釋為，湯武征伐為一時之權法，非大賢以上的人無法做到，雖亦合乎大道，但不能拿來當作萬世之常法。所以，他們認為，實行禪讓的堯舜，囚於羑里的文王，征伐的湯武以及不仕武王而餓死首陽山的伯夷、叔齊都是聖人，不過，孔子既然批評武王的行為「未盡善」，那麼，孔子對武王的行為必然是不完全滿意的吧！這樣一

來，雖然說經權一理，武王的行爲還是有可能被後世拿來作爲叛
逆的藉口了。絅齋認爲退之的〈拘幽操〉，闇齋的〈拘幽操跋〉
寫出了其中的微旨，他說：

> 拘幽操，唐韓退之之作也，韓退之爲唐代第一文章家，所
> 謂韓文，自成一家之文集，非等閒之物也。其中有此拘幽
> 操。綜觀古來之爲文者，但求詞章之可觀而不知義理，韓
> 退之則不然，知曉義理，深深體得道之大本，孟子以來，
> 文章之可觀者，惟董仲舒與此人也，不可識爲尋常之文章
> 家，故程子亦感歎韓退之爲平常不得一見之人物，朱子亦
> 爲韓文作考異，因爲有了這樣的文章，文王之所以爲文
> 王，他的德行的精華所在才表現得淋漓透徹。楚辭等書中
> 亦記有此事，程朱以來，藉此而知文王至德之處，然識者
> 有限，聞其名者亦少，每視之爲尋常之文章。於是到了山
> 崎先生手中，將此文彰顯於世，並附上程朱之說於後，使
> 學者，讀論語者知道所謂至德是什麼，以作爲忠孝之典
> 範。自古事君者，平常看似忠心，此因君主對他不差之故
> 也，太平無事時大家皆如此，一旦遇到緊急的時候，雖然
> 並非沒有爲君捨命的勇者，但是大部分都是爲了名，爲了
> 利，或者爲了一時的衝動，歸根究底，他們的出發點都不
> 是至誠惻怛的愛君之心，都不能說是真正的忠。一心想討
> 好主君，立身出世或多取奉祿，有種種不潔之心，除了一
> 些臨陣逃脫的人以外，都看似忠義，但並非出於愛君之
> 心，所以，一旦君主對他冷淡或遭到讒言中傷，不但不自
> 我辯白，反而忍氣吞聲，以爲辯白也無用而怨天尤人，原

來對君主的感恩圖報之心不知何時消失得無影無踪，剩下
滿腹的不平之氣，這股不平之氣又容易轉變為怨君之心，
產生弒君之念，自甘與君為敵，古來亂臣賊子弒君弒父都
是這種微小的怨念日積月累所造成的後果，並非起於一朝
一夕的衝動，所以，不論如何勤勉事君，如果不能貫徹至
誠惻怛的愛君之心就不能算是忠。

誰都知道殷紂是暴虐的天子，可是，文王卻說他是天王聖
明，文王自己則是臣罪當誅，大眾一定不以為然，可是，
如果站在文王的立場來看的話，他和君主如同親子一體，
只有親愛之一念，所以，我們不能比較誰是誰非，如果一
心愛君主，則君主所為都出於為我，所以君主是聖明的，
所謂順天命應人心而起兵，所謂權道，對這種一心一意
愛君主的人來說都是深惡痛絕的事。這就是文王的至德之
處，也是武王未盡善的地方。天下萬世臣子之典範除此無
他也。無此心則一人亦不足以扶持，是為無用之長物，戒
之戒之。（《強齋筆錄》、〈拘幽操師說〉）

絧齋接着又說：

由於湯武舉兵伐紂，使得後世弒君竊國的亂臣賊子都以湯
武為藉口，不過，捨生取義的忠臣義士則以伯夷、叔齊自
任。士不可不知其中之取捨也，韓退之之拘幽操實道盡了
文王之心，無有及者也。（〈書拘幽操附錄後〉）

以上的敍述表現了對文王之至德，夷齊之仁心的仰慕以及對湯武

革命之義的痛惡，這其實也就是闇齋的看法。闇齋的〈拘幽操跋〉
雖然沒有明示闇齋的這種看法，可是，我們可以從他的〈土津靈
神碑〉中知道。所謂土津靈神就是保科正之，在這個碑文裏面，
闇齋敍述了正之的看法如下：

> 仰慕夷齊不怨之仁，聞湯武革命之義而厭，常謂：「文王
> 至德之處，孔子以來，韓愈程朱彰顯之，泰伯至德之處，
> 孔子以來，朱子明示之。爾後，是為天下君臣之準繩也」。

上面所說的實在也就是正之的老師闇齋自己的觀點，所以，我們
也可以說，絅齋的論述充分發揮了闇齋的看法。闇齋提出〈拘幽
操〉來加以宣揚，到了絅齋手中而開花結果成《靖獻遺言》。近
藤啓吾氏也在他的著作《淺見絅齋の研究》（第二章、第三節）
中指出，《靖獻遺言》是繼承了闇齋的精神而編成的東西。《淺
見先生學談》中記述說：

> 世儒但知勞神於讀書而不明聖賢之心意氣象，道非得於書
> 中也。（中略）今之讀書者，雖一字不漏，但如不能領會
> 忠與孝，則不算是得道也。如能貫徹誠意之工夫，則天地
> 之間瞭然可見，萬理自明，無可疑者矣。為人但以誠實為
> 本，母親抱子於懷中乳之，惟愛子之一念，子亦惟有順母
> 之心，除此之外無仁心也，所謂道亦即在此，子不良則嚴
> 以管教，病則延醫以治，不稍怠慢，事雖煩而不怨子，皆
> 出於愛子憐子之心也，聖人思民之心除此無他，此心無絲
> 毫雜念，故求道需取自近教近心，此外不可謂之道也。不

知聖人之心意氣象，則不足以語學問也，日本自開闢以
來，除山崎嘉右衞門殿以外，知者無一人也，山崎先生是
深知聖人之心的賢者，常把上面的道理講給門人聽，他常
說，作學問不重名分則失君臣大義，余爲了向世人傳達此
意而作靖獻遺言，聖人之大道，嘉右衞門殿之心盡在此書
中也。又作稱呼文以示門第，讀此而知正名分之重要也。
吾人尊聖賢之道，若只重表面學問之堂皇而無所體得則是
爲異端也。

吾等生於日本，逢太平之世，上承天恩，得以安居養生。
心向異國是大異端也，孔子、朱子如蒙君命來攻日本，吾
等應挺身而出，手執武器而抵抗之。如果說爲了尊道而投
降異國或爲其家臣，是爲大不忠者也。此卽所謂君臣之大
義者也。靖獻遺言所述惟此意而已，世儒讀書，心向異
國，着深衣幅巾，模仿異國人舉止，是不明正道之故也。
以槍攻殺孔子和朱子是孔子和朱子之所悅者也。如因尊信
而降服，則孔子、朱子將以其爲不忠也。（《淺見絅齋の
研究》所引）

絅齋提倡民族主義，他說道就在日常卑近之處，學問的主旨在於
理解聖人的心意氣象，爲學必須重視名分，可以說充分地把握了
崎門的精神血脈。

　　上面介紹了闇齋的〈拘幽操〉論和三傑之論。對於湯武征伐
論的解釋及對民族主義的自覺，直方、尙齋和絅齋三人之間多少
有所不同，其中以絅齋最徹底的繼承發揚了闇齋的精神。三人之
中，直方最爲理智，是個合理主義的理論家。他的〈湯武論〉中

的經權一理的主張也充分表現了這一點。在赤穗義士論上，直方
也不像絅齋或尚齋一樣對義士表示同情，而是站在堅守國法的立
場對義士加以苛刻的批評，這也顯示了他的性格的一面。不過，
我們讀了直方的〈拘幽操弁〉會發現，他的主張與他所忌嫌的神
道者，神儒一體論者所唱的論調有相同的地方，比方說：

> 湯武，孟子謂其為謀叛者，雖處以磔刑亦無妨，泰伯、文
> 王、伯夷、叔齊則是萬世忠信之根本。這種觀念在日本最
> 為清楚，日本自從伊弉諾、伊弉冊蒙受天御中主的天祚，
> 代代相傳至今，天皇是不會犯錯的，故沒有人能起來打倒
> 天皇，可是，在中國，情形就不同了，中國堯亡舜繼，自
> 舜取天下以來，傳統盡廢也，總之，根本在中國，而日本
> 予以繼承保存，不明此理則不知仁，非儒者也，是為無用
> 之蠹物，故須仔細吟味始能體得也。

有人藉著上面這段話來理解直方的大義名分論，也有人認為直方
所以會有近似否定皇統萬世一系的絕對性的論調是因為他只知其
一不知其二的緣故（田中謙藏〈佐藤直方先生〉──《山崎闇齋
と其門流》所收），不過，〈拘幽操弁〉究竟是否確實是直方之
說的筆錄仍然是值得懷疑的。

一三、名分論㈢

　　有關闇齋的名分論，我們從他對漢嚴子陵、元許魯齋的進退問題的論評也可以知道其中的內容。子陵是後漢初的人，與打倒王莽復興漢室的劉秀是同學。劉秀就是後來的光武帝。劉秀卽帝位的時候子陵正隱身在野，後來被人發現而迎於朝廷。光武帝的爲人與前漢高祖正好成對比，謙遜而誠懇，又富有儒教教養，對人寬大，善納忠言，推行儒教的文治政治，他曾說：「治天下在柔之道」。子陵被迎於朝廷以後，與光武帝非常親近，曾與帝共床而眠，置足於帝之腹上，帝不以其爲非禮。後舉薦爲諫議大夫，辭而歸鄉，事農耕以終生涯。光武帝悲悼之，賜錢百萬，穀千斛。先儒們對子陵不屈從帝位，堅守高潔的作風給以很高的評價，把他比作伯夷、叔齊。可是，闇齋的看法却不盡相同，他認爲子陵還比不上曾經助高祖滅項羽定天下，後封留侯，晚年學黃老神化以終生涯的張良，而且，在隱遁的風格上，子陵也不及范蠡，范蠡曾經輔佐越王勾踐滅夫差雪會稽之恥，號稱上將軍，但是他認爲人不應該久享高名，而且，他發覺勾踐是一個可與共患難而不可與共安樂的人，於是自改姓名，稱鴟夷子皮而浮於江湖。

　　闇齋認爲，公卿、大夫、士、庶人應該順應身分各盡職守，

這是天下的常義。可是，在「天下之仇不共戴天」的時候則沒有身分的差別，這是古今的通義。可是，當光武起兵討伐王莽的時候，天下士大夫背井離鄉以從之，而子陵却臥居不起，這不能不說是一件遺憾的事，子陵既使不爲了光武，而是像張良一樣爲了復漢仇而策謀擊殺秦始皇也是應該的事，更何況光武那麼賞識他，他就更應該加入義舉的行列了。光武卽使有缺點也是無可奈何的事。先儒認爲子陵不屈從光武的風骨值得與伯夷相提並論，子陵固然高潔，但恐非伯夷之輩，因爲他只知退不知進，伯夷則能進能退（《垂加草》第七，〈嚴子陵論〉）。

有關許魯齋的批判，闇齋著有《魯齋考》上下二卷，上卷揭載了丘瓊山的批判論，下卷揭載了薛文清的贊成論。魯齋是許衡的號，河南省河內人，生於金泰和九年（1209），死於元至元十八年（1281）。著有《魯齋全書》和《魯齋心法》。前者於寬文九年（1669），後者於元祿四年（1691）分別在日本翻印。二書之中尤以《魯齋心法》廣爲世人所讀。許魯齋和吳草廬是元代二大儒，魯齋是河北的大宗主，草廬是河南的大宗主。元爲遊牧的蒙古族所建立的王朝，通過佛教和道教這兩種否定性的媒介，古代的儒教遭到揚棄，具有廣大的體系和深遠的思惟的宋代儒學在這個時代裏也沒有產生什麼影響力。尤其是在宋元交替之際，儒學衰微，北地的趙江漢在成了元的俘虜以後才開始閱讀朱子的著作。元代因科舉採用朱子學，故朱子學受到尊重，陸學則僅維持了命脈而已。江漢之學傳給姚雪齋、許魯齋、竇漢卿、郝陵川和劉靜修等人，靜修另開了一派。號稱元代二大儒的魯齋和草廬都對當時陷於訓詁記誦之弊的朱子學加以排斥，他們雖然以朱子學爲宗，可是他們認爲涵養實踐比知識思索更爲重要，所以，他們

的朱子學有接近陸學的傾向，這可以說是元代朱子學的特色。不過，魯齋與草廬之間有所不同，魯齋對陸學不滿，草廬則雖然提倡朱子學，但是也稱揚陸學。

靜修之學也傳於日本，這是因爲淺見絅齋的《靖獻遺言》中舉出了靜修的名字。《靖獻遺言》是把屈平以下到明方孝孺之間的歷代具有代表性的忠臣義士八個人的忠烈遺言加以揭錄，並於下面記述每個人物的言行，其中也列舉了堅拒仕元的靜修的名字。

靜修在對人處事的大變大節上是以義理爲重的，因爲，他認爲義理是通於天理的東西，義理中蘊含著天地的生意。靜修認爲，天理是人心的自然產物，是人生的根源。因此，他也像宋的李延平一樣，在天理上作沈潛的工夫，並在靜中對天理加以體認融釋，以自得於天之心。這與追求心的超脫悠遠的孔子的弟子曾點以及宋邵康節的境界是相近的。清初儒者全祖望也曾經說過，靜修對魯齋的處事進退是懷抱著疑念的，他曾於私下說：「表面上追求孔孟之時義，程朱之名理，心繫天下之安危，而實際上，在暗中挾老子之道術，思一身之利害，不知義命爲何物也」（參照拙著《宋明儒學の本質》〈元代朱子學派の思想〉。《宋元學案·魯齋學案》）。

魯齋於元世祖即位以前任京兆提學，世祖即位時，被召來京師擔任國子祭酒，至元二年（1265）輔佐宰相確立了建國的規模，後來擔任集賢大學士，其門人十二人也都分別任官，至元十三年（1276）訂定《授時新曆》，又兼主宰大史院之事。七十三歲去世，贈司徒賜諡文正，皇慶二年（1313）從祀於孔子廟。中國是易姓革命的國家，在王朝交替之際，士大夫的進退問題經常

引起許多議論。尤其對於精通《春秋》大義的儒者，輿論特別嚴苛。因此，無論學識多麼豐富，如果在進退問題上不能堅守原則的話，仍然難免受人詬病。不過，儒者的道義有常道和時變之分，有時從常道上來看不能原諒的行為，可是站在時變的觀點來看又並不一定是違背道義的，由此而產生了贊否兩論。有關魯齋的進退問題也是一樣的。

丘瓊山對靜修不仕元的高潔之志深表贊揚，而且也對靜修於〈退齋記〉中暗貶仕元的魯齋一事表示贊同。瓊山本人對魯齋有如下的批判，魯齋生於元境內，他仕元的時候宋王室還存在，當時，宋室所以不振是因為幼主愚昧，權臣誤國，並不是因為出現了像夏桀殷紂一樣的暴君，人民生活困苦也是因為夷狄侵略的緣故。魯齋如果要挽救百姓就應該勸元世祖與宋和親，使南北人民得以喘息休憩，並且向元世祖說明宋所以拘留元的使臣乃是權臣之罪，勸世祖採取像成湯對葛族一樣的寬容態度。然而，魯齋並沒有這麼做，他如果是因為不知道而沒有做的話那就是無知，如果是知而不諫的話那就是不仁，如果諫不聽而不辭任的話那就是沒有勇氣，知仁勇具備於人性之中，是天下古今之人應行之德，缺一則不能完成道。魯齋如果不出仕元朝而隱退授徒，講求華夷之辨，曉明《春秋》大義及做人的道理，則必能保全備於人心之天理，這樣的話，魯齋才是真正的朱子的繼承者，再說，魯齋天分高超，德性純厚，又具備躬行實踐的能力，對宋學有傳薪之功而從祀於孔子廟，所以，我們對他的期望也就更高了。瓊山作了上面的敘述以後，接下來又說，宋王安石因違背春秋之法，所以雖然曾經從祀於孔子廟，後來由於輿論的反對而遭到廢棄。魯齋雖是一代名儒，精通六經及諸子百家，可惜不講求《春秋》之學

而終於背叛了《春秋》之道，他因爲姚樞、竇默的推薦而得以任
元朝廷高官，可是如果以《春秋》的筆法來論斷的話，他足以當
誅罰之罪。瓊山在《世史正綱》的「至元十八年許衡卒」的一條
下只記了「仕元之臣衡，以此爲冠冕而卒」一句而沒有寫他的官
職。這是因爲魯齋在臨終的時候說：

> 余平生累於虛名不刻辭官，死後勿請賜諡，惟書「許某之
> 墓」可也。

　　從魯齋這段臨終的話可知，他自己也知道仕元是悖道的行
爲，只是沒有付諸實行而已。《春秋》對賢者本是愛之深責之切
的，所以，朱子在《通鑑綱目》中對仕王莽的揚雄的去世只寫上
「死」字，魯齋還無法與揚雄相比，因爲他所仕的是夷王，不
過，大概就是因爲魯齋在臨終的時候留下了懺悔的話，所以瓊山
才不用「死」而用了「卒」這個字吧！君子仕君主是爲了行義，
但是所謂義是在應該出仕的時候出仕，不應該出仕的時候就不出
仕。如果仕夷王合乎義的話，那麼，《春秋》中的華夷之分就沒
有意義了。所以，魯齋可以說違背了聖人之道。他當初應該辭官
隱居，教授子弟，宣揚道義以爲世俗之規範，他應該像劉靜修一
樣斷然拒絕出仕的（《垂加草》附錄中〈魯齋考〉上所引）。
　　薛文清則不同意瓊山的看法，他在《讀書錄》中對魯齋有如
下的稱讚：

> 魯齋專以《小學》《四書》爲修己敎人之法，不尙文辭務
> 實行，故繼朱子之統者魯齋也。其規模廣大，其胸次瀟落，

又不爲浮靡無益之言，而有厭文弊從先進之意。朱子之後
一人而已。（《讀書錄》卷一）

許魯齋自謂學孔子，觀其去就，從容而無所係累，眞仕止
久速之氣象也。（《讀書錄》卷一）

魯齋之出處合乎聖人之道。（《讀書錄》卷二）

魯齋以王道望其君，不合則去，未嘗少貶以徇世，其聖人
之學也。（《讀書錄》卷二）

魯齋不陳伐宋之謀，其志大矣。（《讀書錄》卷二）

　　文清主張魯齋的行爲合乎聖人之道，又稱讚他的道德學術繼
承程朱之學，有益世俗人心（同，〈魯齋考〉下所引）。闇齋在
《魯齋考》裏面對瓊山和文清的看法沒有表示自己的意見，不
過，他把瓊山之論收於上卷，把文清之論記於下卷，這裏面大概
包含著褒貶的微意吧！在《文會筆錄》（卷二十）中有如下的敍
述：

　　　　對於許魯齋，薛敬軒極力贊揚而丘瓊山則極力貶損。余嘗
　　　　作魯齋考二卷，余以爲丘之論爲經（常道），薛之說爲權
　　　　（變道），故以丘論爲上卷，以薛說爲下卷。

　　可見闇齋對於丘薛兩論的評價是非常愼重的，不過，我們只
要了解闇齋的名分論，也就不難想像他對於魯齋的進退是有所微
言的。在《文會筆錄》（卷二十）中闇齋贊揚瓊山之論爲「發先
儒之所未發」，由此也可以看出闇齋褒貶的意向。尚齋認爲闇
齋的〈魯齋考〉於上篇載丘氏之論，下篇載薛氏之論而沒有下評

語，這是因爲難以論斷的緣故，不過尙齋說：「我看還是丘氏之說正確」（《默識錄》卷三）。

　　闇齋的門人也有對許魯齋表示不滿的。下面就介紹尙齋的魯齋論。尙齋《默識錄》（卷三）的概要如下：

> 對於許魯齋仕元一事，綱齋極言其爲不義。華夷本有內外、尊卑之別，不可混淆。故元君臨中國，自爲君父之讎，吾身之仇。魯齋雖生於金地，但仍是中國人，而且，宋雖微弱，仍存活於南方，並未如夏桀殷紂一樣倒行逆施。而元無商湯周武之德，却以暴逆篡奪王位。仁人義士必不仕之。魯齋仕元以行道於天下，這與孟子遊說齊梁使行王道的情況非常相似，故古人有舉孟子之例而以魯齋仕元爲是者。但孟子所遊說的齊梁非夷狄，而且孟子也不主張以暴逆奪人之國，而希望行湯武之仁政以救生民於塗炭。故不可與魯齋同日而語也。

　　《強齋先生雜話筆記》（岡直養刊，一二頁）中也記述說：「魯齋雖有可取之處，然於進退一事上有所差誤矣」。崎門繼承了闇齋的重視名分，故對於楠公的忠義，赤穗浪士復讎的義舉加以贊揚也是當然的事了。其中只有直方持有不同的看法，這在前面已經說過。崎門還提倡養子不可論，這也是他們重視名分的結果。

一四、對朱子智藏說的宣揚

　　從以上的敍述我們也知道，闇齋對於朱子學及朱子學派的宣揚有着很大的貢獻。闇齋對朱子所著的註釋書和編修的各種書施以詳細的注解，這在宣揚朱子學上產生了很大的效果。因爲，朱子的重要思想都包含在他對儒教經典的註釋裏面。所謂孔子以後就是朱子，朱子是如同孔子一樣集諸學大成的碩儒，所以，他的學術事業的意義是非常重大的。在中國人對古典的解釋當中，我們往往可以發現新的創見和發展，這是中國思想異於西方的特色所在。朱子著了許多古典的註釋書，所以，對朱子的註釋書施以注解一事也就有其特別的意義了。不過，朱子學範圍的廣大是我們難以想像的，網羅了人文、社會、自然等各個分野，著作的數量也異常龐大，所以，我們今天要對朱子學作全盤性的把握還必須仰靠人文、社會、自然各分野的專門研究，否則的話，一不小心就可能流於枝葉而錯失根本。也因爲如此，從朱子的言論當中，把能代表朱子學的要領神髓的地方抄錄下來，或加上解說予以發表，這在對朱子學的宣揚上，自然能產生很大的效果。闇齋在這方面所留下的偉大功績是衆所周知的，其中之一是他提出了朱子的智藏說而加以宣揚，這件事過去一直沒有受人注意。有關朱子學的研究，不僅在中國，在日本、韓國也有很大的發展，近

代更利用西洋的科學方法研究朱子學。而且，除了儒學研究家以外，自然科學家裏面也有研究朱子學的，不過盡管如此，朱子所提倡的重要問題還是容易受人忽視，其中之一是全體大用論，另一就是智藏論。不過，有關前者，朱門以下及後世朱子學者曾經提出來敍述過。近年，筆者的恩師楠本正繼先生也對其本質、全貌及傳承發展作過詳細的說明（國士館大學附屬圖書館編，楠本正繼博士《中國哲學研究》〈全體大用の思想〉），遺憾的是，有關後者，除了日本的崎門學派以外，至今無有論及者。

朱子的全體大用論是集北宋倡明體適用的胡安定及周濂溪、程明道、程伊川等北宋諸儒的體用論的大成之物，後來加以繼承發展的除了朱子的門人以外，還有宋末、元、明、清以及朝鮮、日本的朱子學者。在中國特別以朱子的門人黃勉齋、蔡西山、九峰父子，朱子的再傳門人眞西山，明的丘瓊山，清的朱止泉、江永等人在這方面的貢獻爲大。可是，說到朱子的智藏說，只有朱子的門人蔡氏在〈洪範〉〈皇極內篇〉中略有提到，眞西山在《讀書記》（卷四）中有所論及而已，前面也說過，除了日本的山崎闇齋及其學派以外，元、明、清的朱子學者及朝鮮、日本的朱子學者幾乎無人論及。

朱子的智藏說是闇齋首先予以重視的，而由崎門派所傳承。朱子開始論及智藏是在他的思想已經達於圓熟之境的晚年。他在六十五歲時所作的〈玉山講義〉（《朱子文集》卷七十四）當中第一次提到智藏，在回答門人陳器之的有關〈玉山講義〉的問題的書翰當中敍述了其大要。不過，要知道詳細的內容必須看《朱子文集》《朱子語類》，其中尤以《語類》最爲詳盡。闇齋爲什麼會注意到朱子的智藏說呢？這是因爲智藏說是朱子晚年的思

想，而闇齋對智藏說的價值和意義具有充分認識的緣故。闇齋宣揚朱子的智藏說，其意義是非常重大的，可是，我們如果要了解這一點就必須先理解智藏說的內容。到目前為止，在談論闇齋學和朱子學的人裏面還無人論及朱子的智藏說，所以，在這裏先介紹一下智藏說的概略。其詳細內容則請參考拙著《中國思想における理想と現實》中的〈朱子の智藏說とその由來および繼承〉一文。

　　朱子的智藏說是集先秦智藏說、漢唐所傳承的智藏說以及北宋諸儒有關智藏的論說的大成，並加以詳細敍述而闡明其本旨的東西。其中不同的是，漢唐諸儒完全站在訓詁的立場，而朱子則基於真切的體認，超越佛教、老莊的思想而使傳統的東西更加具有深度。智藏說的起源可以遠遡到《易》。如眾所周知，《易》中藉着積極的動的陽與消極的靜的陰兩者之間的相互循環、往來、消長、交錯來說明自然與人事的所有的現象，藉着陰陽交互的理法來洞察人生的未來及人類的命運，並教人對應之道。不過，由於對倫理的重視，所以《易》中所論的並不只是一種世界完全受自然法則支配的機械世界觀，其中也包含有配合必然的法則而積極地達成自然與人生目的的一種目的世界觀。因此，《易》雖然藉着陰陽的消長變化來說明世界的各種現象，可是，所謂陰、所謂陽，都絕對不是固定不動的東西，否則的話不可能發生消長變化。因此，陰內藏有陽，陽內藏有陰，所謂陰陽的消長變化也就是一種陰生陽、陽生陰的現象。《易》中認為，具有這種性質的陰和陽的互相流轉就是世界現象，其全容藉六十四卦來表示，其中包括六爻全是陽，也就是所謂純陽的「乾卦」以及六爻全是陰，也就是所謂純陰的「坤卦」。乾之德健，始生萬物，坤之德

順，完成萬物（〈繫辭傳〉下，第十二章）。因前者是陽，其德外動，後者是陰，其德靜藏於內（同，第五章。〈說卦傳〉第三章）。因此，《易》之「坤卦」有藏之意。《易》又以始生萬物的乾之陽動之德爲人德之仁，以成物的坤之陰靜之德爲智（同）。這樣一來，仁就是產生萬物之意，也就是始發生意之德，智就是成就生意之德。由於陰陽動靜循環不息，所以，智又可以說是生意的根本。程子也說過，動靜無端陰陽無始（《二程全書》卷四十），《易》中，陽動貴於陰靜，不過，如果要使陽動發生作用，還必須要存養作爲根本的陰靜。因此，《易》中說，如同尺蠖蟲要伸展身子的時候必須先屈身一樣，翕聚是必要的（〈繫辭傳〉下，第五章），在準備發動到開始動作之間的空檔稱作「幾」，我們如能充分把握「幾」就能夠完成天下之任務而無所憾（同上，第十章，同下，第五章），所以，《易》中說，在冬至，也就是陰靜到了極限而立刻就要發動的時候，君主不可不戒愼靜養（〈復卦〉象傳），這也不是沒有理由的。北宋邵康節的〈冬至吟〉（《邵子全集》卷二十二、〈伊川擊壤集〉五）把《易》中的這個意思表現無遺，周子所以重視「幾」（《通書》誠幾德章），也是由於他充分體得了其中主旨的緣故。

《易》中智藏的道理由於以天德的「貞」來配合人德的「智」而變得更爲清晰了。《易》本是占卜的書，如朱子所說，「乾卦」的象辭始讀作「元亨、利貞」（《朱子語類》卷六十八）。根據〈文言傳〉的解釋，元、亨、利、貞是「乾」之四德，也就是天之四德，並以此天之四德來配合人德之仁、義、禮、智四德，因此，天之生意發動於外是爲元亨，生意靜藏於內是爲利貞，而且，生意反復循環，流動不絕，所以，利貞成了完成生意之德，

元亨就是本質、本體。由此可知，《易》中包含有貞之藏，智之藏的意思。

《易》原來是因爲見到歲月循環、日月運行、晝夜交替、四季變遷等自然現象而悟出陰陽消長循環的道理，由此推及到人事並藉以預卜人類的命運，所以也就當然產生了以天人之四德來配合四季、四方、五行的說法，這種說法散見於《禮記》的樂記、喪服四制、鄉飲酒等諸篇以及《管子》的形執篇。唐李鼎祚在《周易集解》中說，仁配東方與木，爲司春生之德，禮配南方與火，爲司夏養（夏長）之德，義配西方與金，爲司秋成之德，智配北方與水，爲司冬藏之德，而且，貞爲智之明證。

冬日萬物收藏，寂靜無痕而伏藏生意，其中深藏着無限活力的天地的生意，因此，藉着冬藏應該可以一窺智藏的面貌。

朱子認爲孟子所說的仁、義、禮、智四德以及惻隱、辭讓（恭敬）、羞惡、是非之心等四端也如同《易》中的元、亨、利、貞一樣有陰與陽、靜與動的消長循環，所以他說，智是「伏藏淵深之道理」（《朱子語類》卷三十二），因此，孟子之說也包含着智藏的道理，朱子認爲，仁、禮、義三德發用而爲惻隱、辭讓、羞惡之心，因此能產生具體的動作行爲，可是，智只是分辨是非，雖然有知覺，但是沒有具體的動作行爲，智是完全伏藏於內的（《朱子文集》卷四十五，〈答廖子晦〉。《朱子續集》卷十，〈答李繼善問目〉）。不過，朱子認爲，智不僅有伏藏之意，還有包藏、終始之義，如衆所周知，朱子是集理學大成的儒者，這是因爲他以理爲自然人生的根本實在的緣故。朱子又主張理具有生意，因此，他站在理的生意的觀點來敍述仁禮義智的氣象，仁者溫和；禮者宣著發揚；義者慘烈剛斷；智者收斂，同時又藉

着春生、夏長、秋收、多藏來作進一步的說明，春夏秋多的生意
雖有消長，但都藉着生意來貫通完成，同樣的，仁禮義智也是藉
着理的生意來貫通完成的。因此，在秋多慘烈的霜雪當中也有生
意，生意無一時止息，朱子又藉生意的消長來說明仁禮義智，仁
是生意之生，禮爲生意之長，義是生意之成，智爲生意之藏（《朱
子文集》卷七十四，〈玉山講義〉。同，卷三十八，〈答袁機仲
書〉。《朱子語類》卷六）。從生意的消長來看，仁爲始發之德，
無仁則無禮之長、義之成和智之藏，故仁是四德之中最重要的，
可以說是包藏另外三德之德。所以，朱子的主張也和程子一樣，
大而言之，仁爲與禮義智並稱之德，嚴格言之，仁爲包藏四德之
德。也因此朱子特別重視仁，以仁爲四德之先（《朱子語類》卷
六）。不過，在四德當中，朱子所重視的不僅是仁，他認爲智也
是非常重要之德，他說「仁爲四德之首，智爲四德之尾」，「首
尾並重」，可見朱子視智與仁同樣重要。這是因爲他充分了解到
孟子的仁與智包含有《易》中循環之理的緣故。所以他說，「不
貞則無以爲元也」，「無智焉得仁」，前面也說過，仁爲四德之
始並包藏四德，因此，仁包含有終成之意，另外，上面朱子的話
又表示了智爲終成之德，又是生意始發之根本，所以，智中也應
該包含有始生之意，因此，我們可以說，仁智都具有終始之意。
朱子見《易》中有循環之理而領悟到孟子所說的四德之中的智裏
面包含有終始之義，並藉多藏中有終始的比喻來加以說明。根據
朱子的說法，智屬四季中之多，多爲生意終成之季節，其中還包
藏生意發動之氣，故智有終始之義（同，卷三。《朱子文集》卷
五十八，〈答陳器之問玉山講義〉）。幕末的崎門學者楠本端山
曾說：

知（智）屬冬、屬貞。其體寂然、藏往矣，其用則運用發
動，而有知未來之妙。蓋亦萬物之所終始歟（《楠本端山
遺書》卷六，〈學習錄〉上）。

上面這段話可以説很明晰地傳達了朱子的意旨。朱子悟出智裏有
終始之義以後又表示，在仁智交會的地方有生育萬物之心，他
説：

天地之化不翕聚則不能發散，理固然也，仁智交際之間乃
萬化之機軸（〈答陳器之問玉山講義〉）。

朱子認爲，仁禮義智爲人類本性中所具備之德，因爲是天理
的緣故，所以是形而上的存在，性德通過心氣發而爲用，我們再
藉着這種外在的發用而回過頭來把握性德的存在。智藏發用而爲
分辨是非之心，所以，我們必須以是非之心爲媒介才能認識到智
藏，這種分辨是非之心又可以稱作理的知覺，前面也説過，雖然
無形無痕，却能發揮衆理的妙用，促成萬物的生化。這麼一來，
智就成了內藏衆理，並使衆理發揮妙用的根源之理了。因此，我
們也可以説智藏就是太極。朱子曾説太極爲理所藏之處（《朱子
語類》卷六），淺見絅齋則説太極爲知（智）所藏之處（〈知藏論
筆剳〉）。我們可以説，淺見絅齋充分闡明了朱子的智藏之意。站
在寂感的觀點來看，智藏是一種達於至寂而正準備發動的狀態。
智藏而無跡，就如同多藏之至寂，無聲無臭一樣，可是天地生萬
物之心却在其中活潑地活動着，這就是靜中有物，也就是太極、
道體。太極、道體既然就是智藏的話，那麼，《中庸》所説的天

命之性也就應該是智藏了。所以朱子說，《中庸》所說以智爲主。（《朱子語類》卷六）

　　朱子在提到智藏的終始的時候說，「無終焉得有始矣」，並舉出《易》的〈復卦〉象傳中的「復其見天地之心乎」的話來說明於靜中存養陽（動）之微的重要（同，卷五十三）。智愈深則愈深藏不露，甚至不留痕跡，就如同深多萬物收藏一樣。不過，雖然是至靜至寂，其中却蘊含着無限的動，所有的活動都必須憑藉這種靜的工夫才能發揮效用，因此，必須要有靜坐的涵養，藉以使心的收斂眞切而透徹，如此則智得以深切。智深則包藏廣大，這麼一來，朱子所說的所以然之故（萬物之根本原理）也就在不知不覺中得以領悟了。要言之，朱子的智藏並不是徹頭徹尾地收斂、完全沒有作用的東西，其中含藏着仁禮義。一般的學者只知道朱子提出了仁的生意，以仁爲包藏禮義智三德之德，可是，上面所說的智藏却很少有人知道。

　　闇齋把朱子的智藏彰顯於世，他說，「先生已鄭重地提示給我們，仁愛有味，智藏無跡」。闇齋讀到會津藩主保科正之的碑文稱讚不已，在碑文中正之記述道：

　　　知藏、無有形之形跡，識此始得論道體、論鬼神。
　　　仁智交會處爲萬物生成之中心，此爲天人合一之道。

闇齋讀了上面的碑文稱讚道：

　　　善哉！所言正中其扼要處世，知此扼要者，朱子門人蔡季
　　　通（西山）、仲默（蔡九峰）、真希元（西山）以後無人也。

在正之的「行狀」中，闇齋也讚揚正之能深得朱子智藏之主旨的默契，他說：

> 未露之情、未發之愛是為仁，深藏不露痕跡者是為智，
> 仁智交會之處有生化萬物之心，此三者為其所獨見默契者
> 也，朱子門人西山與九峰外無有知者。（《垂加草》第十
> 一，〈跋三子傳心錄後〉）

正之的朱子智藏說自然是得自其師闇齋之教，闇齋本人才是第一個領悟了朱子智藏主旨的儒者，也是第一個把這個主旨彰顯於世的儒者。在上面的論說裏面，闇齋從朱子的思想當中特別提出了三點。第一、仁就是未發之愛，闇齋認為如果不明白仁就是未發之愛的話就無法理解朱子的〈仁說圖〉。前面也說過，朱子以仁為愛之理、心之德，對仁與愛的關係作過詳細的論述。朱子的〈仁說圖〉中前後都有愛字，闇齋認為，前面的是未發之愛，後面的是已發之愛。然而，諸儒在論及愛之理的時候，只知愛為已發之物却不知未發之愛是為仁。朝鮮李退溪的〈仁說圖〉（《退溪集》第七，〈聖學十圖〉）中也沒有說明仁就是未發之愛（《文會筆錄》卷四之一）。第二、闇齋對智藏而不露痕跡一事有着充分的理解。第三、朱子的「仁智交會處為萬物生成之中心」的話使得闇齋非常感動，他說：

> 此為先生極少說之話，惟出現於《語類》第六卷而已。論
> 及此者，真西山、蔡九峰以外無人矣。（《文會筆錄》卷
> 十五）

闇齋又作了下面這首題爲「庚戌」的詩來表示他心中的感動：

> 仁智交際間
> 萬化同出自
> 雖孔朱復生
> 不過啓此秘 （《垂加文集》下之六）

　　淺見絅齋的門人若林強齋在提到闇齋與朱子智藏說的傳承之間的關係時說：

> 朱門傳此說者一兩人而已。陳北溪、丘瓊山、胡敬齋等人均不知也。惟明薛文清一人得此旨，垂加翁（山崎闇齋）於會津，與中將殿（保科正之）反復講習此說。

　　由於闇齋很重視朱子的智藏說，所以當正之命其製作《玉山講義附錄》的時候，在前半部，他從朱子的《文集》《續集》《語類》當中，把他認爲是解說〈玉山講義〉的智藏的朱子之說二十條抄錄了下來。只是當時，闇齋並沒有陳述自己的看法，這大概是因爲他採取了孔子所說的「述而不作」的態度吧！闇齋又著《程書抄略》《張書抄略》，在其中舉出與朱子智藏說有關的程子、張子之說，並於後面附上朱子之說以爲注釋。藉着上面的努力，闇齋極力地要把朱子的智藏說公諸於世。闇齋引《易》中「坤藏」之語來說明朱子的智藏說是源起自《易》的。他又說，程張二子首先指出智藏是無形跡的，到了朱子而得以論述詳盡，闡明了古聖先賢的秘蘊。闇齋把朱子智藏的源流明白地提示了出

來。(《文會筆錄》卷十五)

　　闇齋是第一個闡揚朱子智藏說的人，他的高足淺見絅齋、佐藤直方、三宅尙齋也繼承老師的旨意，對朱子智藏的意義作誠懇而詳盡的解說。其中尤以尙齋解說最力，他著《知藏說》，在書中爲了更清楚地說明朱子智藏說的由來而揭舉了《禮記》的〈月令〉、〈樂記〉、〈禮運〉諸篇及其注，鄭玄的《中庸》注及其疏，《易》的〈繫辭傳〉，此外還有《程子遺書》、張子《正蒙》中的話，《朱子語類》中有助於了解朱子智藏的話以及闇齋、正之、直方、絅齋的智藏說和他自己的智藏論。此外，在《狼疐錄》(卷上。《甘雨亭叢書》)、《默識錄》(卷一)裏面也論到了知藏。尙齋的《知藏說》還在附錄裏收錄了久米訂齋的〈讀知藏說筆記〉、三宅尙齋的〈智藏論筆劄〉、若林強齋的〈玉山講義師說二條〉、幸田子善的〈玉山講義筆記一條〉、宇井默齋的〈讀思錄三條〉等，這些都是論述智藏的文章。在崎門裏面，以尙齋最重視智藏，尙齋的門人久米訂齋在其著作《學思錄抄》(卷一)中也有對朱子智藏的解說。在尙齋派的儒者裏面，楠本端山、碩水兄弟是活躍於幕末維新的平戶藩儒，其中以端山特別重視智藏，端山中年以後開始傾倒於崎門的朱子學，晚年專奉崎門學，契合於智藏之說。端山認爲，《易》的「太極」、「藏往知來」，《中庸》的「天命之性」、「未發之中」，周濂溪的「無極之眞」、「主靜立極」，邵康節的「無極」，程子的「沖漠無朕」，李延平的「未發的氣象」等所說的也都是智藏，端山以知藏爲形而上的宇宙的實在，端山說，他在傾心於崎門學的兩、三年以後開始體認到智藏的主旨，那是因爲他在三十六歲的時候讀到了尙齋所說的「知爲火中之黑暗處、陽中之陰，衆理

藏於其中」的緣故。《中庸》所論之道在四書當中也是最精微高深的，而闇齋發覺到朱子的智說（《朱子語類》卷十九）與《中庸》互相契合，這使得端山由衷地感佩，端山說：

> 此為千古之卓見，萬世之秘旨得以明矣！元明諸儒之中少有知此者（《端山遺書》卷六，〈學思錄下〉）。

崎門派的端山為什麼那麼重視智藏呢？這大概是因為端山學習了宋周濂溪、羅豫章、李延平等宋代的主靜說以及明的王門歸寂派聶雙江、羅念菴、東林學派高忠憲的主靜說，而深切地在主靜體認上下過功夫的緣故吧！在這裏不對端山的知藏說作詳細的介紹了，不過，他下面這段話簡明直截地道出了其中的主旨，他說：

> 智藏無形，如冬收之至寂，全體無聲無臭，然活潑潑地（同）。

端山之孫楠本正繼博士對上面的話作過下面的解說，可以說闡明了朱子、闇齋等人智藏的秘旨。

> 人之智慧深則不留痕跡，正如冬日萬物收藏，寂靜無聲。此無聲無臭之人心却蘊含著宇宙之絕對性、天地生萬物之心。在寂靜之中含有無限的動，內界的工夫立即表現於外界的活動。相反的，活潑的外界活動在受到靜寂的內界工夫支持的時候才開始了解其中的真義。由此而產生生活的共同性，復歸天地生萬物之心。所謂藉靜坐以涵養深智的意義除此無他也。

一五、實　學

　　在闇齋的時代裏，江戶幕府的政治已經安定，應時勢的要求，產業技術之學（實學）急速地發達起來，出現了像貝原益軒一樣旣是偉大的朱子學者（修正朱子學者），又對實學的發展有很大的貢獻的儒者。闇齋也和益軒一樣，繼承朱子全體大用之學而關心實學。闇齋的門人當中還出了一個曆學大家保井（澀川）春海（1639-1715），影響及於闇齋的曆學，闇齋讀了他的《大倭七曜曆》大爲感動，說，藉此知道了朱子也不知道的事情（《文會筆錄》卷八之一）。闇齋對曆學似乎非常關心，在《文會筆錄》（卷八之一）裏面可以看到有關張果的《星宗》、郭守敬(1231-1316)的《授時曆》、黃玉耳的《管窺輯要》、明的《大統曆》、丘瓊山的《大學衍義補》的曆學等的論述，闇齋自己也著了《本朝改元考》，並爲井上正利侯所編的《堯曆》、會津藩的算學大家安藤有益（1624-1708）的《東鑑曆算術改補》等寫序，此外還私下著《倭鑑》，除國史外廣涉雜史，調查日支、月閏、日月蝕，只是此書已失傳，僅留下目錄記載於《雜著》（《闇齋全書》上）中，這在前面已經提到過。闇齋對算學也相當關心，他通過李淳風（602-670）的注讀了中國古代的算術書《周牌算經》。闇齋具備數理之才，這從他編纂《朱易衍義》《洪範全書》上可以看出

來。闇齋還讀過《素問》《古今醫統》等醫書，所以他應該也具備醫學方面的知識。闇齋所以會在實證考據方面留下偉大的業績，這也是因爲他具備上面這些科學技術方面的才能的緣故吧！

　　闇齋的實學在當時的儒者當中，並不是什麼值得特別一書的事，不過，我們所需要注意的是，他的實學是根據了朱子的全體大用之學。前面也說過，闇齋專崇朱子而排斥元明諸儒，不過，他仍然採用了不少朱門的黃勉齋、蔡西山及九峰父子、明丘瓊山、薛文淸、胡敬齋以及朝鮮李退溪等人的學說。如衆所周知，勉齋、蔡氏父子及瓊山對朱子全體大用之學的發展有過很大的貢獻，所以，闇齋關心他們的學問也是當然的事吧！而且，象徵朱子全體大用思想的《社倉法》受到闇齋的重視也不是沒有原因的。闇齋發行《朱子社倉法》，首先將《社倉法》介紹給日本，對德川時代諸藩的救荒──饑饉救濟產生了很大的助益。

一六、李退溪與闇齋

　　闇齋對退溪之學非常欽佩，認爲他是朝鮮儒學的第一人。闇齋幾乎讀過退溪的所有著作，並把這些著作介紹給日本，宣揚其價值。　根據阿部吉雄氏的研究，　闇齋在他的主要著作《文會筆錄》裏面引用了退溪《自省錄》二十四條，《退溪文集》四十一條、《朱子書節要》注七條，引用退溪著作之多僅次於對朱子文集、語類的引用。

　　闇齋的著作隨處引用退溪之說，闇齋所以傾心於退溪之學是因爲他體得了朱子敬義的主旨而覺悟人倫之要的緣故吧！前面也說過，闇齋於三十一歲時著《闢異》以排斥當時在思想界擁有勢力的佛教，闇齋認爲要抑制佛教的勢力首先必須闡明人倫之道，所以他在三十三歲的時候，把朱子對人倫之道提示得最爲簡明的〈白鹿洞書院揭示〉拿出來附上集註而著〈白鹿洞學規集註〉，在〈序〉中闇齋說，讀了退溪的《自省錄》而知白鹿洞學規的重要性，　因此感奮興起而作集註。當時，　闇齋似已熟讀過退溪的名著《朱子書節要》。後來，闇齋又宣揚論述存養之要的朱子的〈敬齋箴〉，　著《大家商量集》以排斥陸學，　又懷疑《二程粹言》爲「不可信之書」這些都無疑是得自退溪之書的啓示（《二程治教錄》跋）。闇齋能夠藉深切的體認存養來體得朱子學的居

敬窮理而藤原惺窩、林羅山等人却沒有做到這一點，考其原因，其中之一大概也是因爲闇齋有幸讀過《自省錄》、《退溪文集》等，而藤原等人沒有讀過的緣故（參考阿部吉雄《日本朱子學與朝鮮》第二編）。

闇齋與退溪二人都篤信朱子，不盲從元明諸儒之說，而且都排斥異端異學。不過，二人並不完全妄信朱子之說，他們明辨朱子的成說，區別未定說與定說，而且指出其中誤傳的部分，信取朱子的純精之說。同時，前面也說過，二人都重視體認、存養和實踐，並且以這種態度來接受朱子學，而且，他們的體認、存養、實踐較宋元明的朱子學者更爲深切而透徹。闇齋和退溪二人都反對空疏的理論，所以他們不高談理氣論、太極論、心性論，他們大體上是藉着存養以及日常生活上的體驗來深切地體認朱子的成說，因此，他們對朱子的無極太極論、理氣論、心性論不作詳細的解說和介紹，而著眼於朱子學的日常人倫之道，希望通過平易明白的日常生活上的體認來把握形而上的道體、精微的心中之理的實體。闇齋和退溪二人在這種日常生活的體認自得上也許比朱子更爲深切。而且，值得注意的是，二人在研究聖賢及朱子上面都不汲汲於發表獨創的見解，他們的著述工作大部分都是在所謂「述而不作」的態度下進行的。

退溪著《語錄解》，爲朱子語錄中的俗語施以訓解。在《退溪文集》裏面也有言及俗語的地方。精讀過《朱子語類》的闇齋在讀了退溪的文集以後，似乎對宋儒的俗語產生了很大的興趣，《文會筆錄》中引用了在漢土製作的小本《語錄解義》等，並可見到爲俗語施以訓解的地方。在《朱子語類》的俗語的研究方面，荻生徂徠之師岡島冠山曾著《字海便覽》七卷，在崎門下也

有尚齋的門人留守希齋繼闇齋之後於延享元年（1744）總合《語錄解義》、《唐話纂要》、《字海便覽》三書而著《語錄譯義》，同門的千手旭又於文政三年（1820）加以增補而於文政十三年著《增補語錄譯義》。

闇齋雖然尊信退溪，經常引用他的學說來宣揚朱子學，但是，他絕不妄信退溪之說，對不完全的地方，應該批判的地方就提出來加以批判，下面就介紹其中的一、兩個例子。如衆所周知，朱子以仁爲「愛之理、心之德」，闇齋說，朱子的這個看法由來自周濂溪在《通書》裏所說的「德愛曰仁」，愛之理就是心之德的「滋味親切處」的意思。此外，闇齋認爲在論說愛之理的時候，一般世儒只知愛爲已發之物，却不知未發之愛就是仁，這是不完全的看法。根據闇齋的說法，世儒只知道，仁爲體，愛爲用，雖有體用之別，兩者是一脈相通的，可是，對朱子的未發之愛是爲仁的看法却知者甚少。因此，闇齋把朱子在〈仁說圖〉中所示的前後之愛提出來說，前之愛表示未發之愛，後之愛表示已發之愛，世之儒者不知未發之愛即爲仁，闇齋認爲，退溪在〈仁說圖〉中（載於《退溪集》第七、〈聖學十圖〉）沒有說到未發之愛，這是不完全的地方。此外，退溪非常推崇程復心的〈心學圖〉，把它收在自己最精心的力作〈聖學十圖〉裏面，可是，闇齋對〈心學圖〉的評價不高，認爲，退溪有過稱之嫌（《文會筆錄》卷九）。

退溪在答趙士敬的書翰中（《退溪集》）說，程門以人心卽私欲，從《中庸大全》中所引用的朱子給何叔京等人的書信中可以知道，朱子最初是跟從程門之說的，可是，後來主張人心並非私欲，這已成了朱子晚年的定論，程篁墩的《心經附註》兼取前

後之說。退溪又在《朱子書節要》的註中說，《附註》所以兼取朱子的前後之說是爲了表示朱子的工夫有本末之別。對上面的退溪的說法，闇齋認爲，《中庸》之序中所寫的是舜的心論，而朱子在答張南軒的書翰中所說明的則是程子的人心說，所以，以前後本末來論朱子之說是沒有根據的（《文會筆錄》卷四之三）。

退溪自己也承認，他對明代的程篁墩這個人並不是完全相信的，不過，程篁墩所著的《心經附註》却受到退溪的尊信，《心經附註》是篁墩將朱門再傳的眞西山的《心經》加上附註而著成的，在這本書的卷末，篁墩引用元吳草廬的朱陸同歸說而提出朱陸早異晚同說，退溪對此曾加以非難，可是，他對這本書始終尊信不移。退溪於壯年時邂逅此書，將之反覆熟讀，由此而知道心學之淵源及心法之精微，因此，他對《心經》及《附註》有如對神明嚴父一樣地敬信，到晚年也沒有改變，他說：「平生尊信此書，不下於四子（四書）近思錄」，退溪認爲，具備道之體用的《小學》和講說義理之精微的《近思錄》雖然都是必讀之書，可是，作爲初學者用功之書，沒有比《心經》更爲切要的。退溪所以那麼尊信《附註》是因爲此書使他深深地覺悟到義理乃是發自心中之物，而這種發自心中的義理是求道不可或缺之物（《心經後論》、《退溪全集》卷四、〈言行通錄〉卷二、類編、學問第一）。眞西山除《心經》以外據說還著有《政經》，不過，闇齋認爲《政經》非西山的著作（《文會筆錄》卷十九）。後世的學者也有以《政經》爲僞書的。《心經》是收集聖賢論心的格言，並採諸家之議論爲其註而作成的，篁墩又把程朱以下大儒談論心法精微的話作爲疏附於其下而作成《附註》，這本書正如其按文所說，是爲了防止心馳放於簡易直截而流於異學的空虛以及挽救

心馳逐於功利而陷於俗學的卑污等流弊而作的，因此，在促使人勵行以居敬爲本的學問修行上有很大的貢獻。總之，這本書強調修養德性的工夫的重要性，以期挽救朱子末學因口耳支離所產生的弊端。可是，這麼一來，朱子學就自然而然地向陸學接近，所以，闇齋對《心經附註》不加推崇，並且批判尊信此書的退溪說，「李退溪之尊心經乃一生之誤也」（阿部吉雄《日本朱子學と朝鮮》二五四頁所引）。退溪和闇齋雖然都以朱子學的敬爲學問的關鍵所在，可是，退溪對《心經附註》尊之若神明，闇齋則排斥此書，其原因在哪裏呢？這大概是因爲，二人雖然都以敬爲本，可是退溪著重在「思」而闇齋著重在「行」的緣故吧！闇齋在論到敬的時候用「敬身」這兩個字，論到仁的時候也用「人身」這兩個字，這也是他重視行的表現。阿部吉雄氏曾說，

　　李退溪的學問重視個人的修養，對於理氣心性的哲學問題也相當偏重於思索，這是他的特色，而闇齋的學問不僅重視個人的修養，還基於大義名分說，強調建設一個屬於日本人的人倫秩序社會的重要，對國家社會要採取積極的行動，這是闇齋學的特徵所在。李退溪在推崇「聖學十圖」的劄記中將學問之道歸納爲學與思與敬三字，闇齋在〈近思錄序〉中則指出學問之道在知與行與敬三字。這不是偶然的，這表示了退溪的學問偏重思索，所以是屬於哲學的，而闇齋的學問則具有社會性，是行動的、實踐的。二人的不同主要是來自二人出生的社會環境的不同，而其中也有取決於二人的性格的地方。李退溪人格高尚，像玉一樣的完美，闇齋則氣象剛毅，在這點上近似朱子。如果

李退溪像闇齋一樣的剛毅，對當時的社會採取積極行動的話，在黨爭激烈的李氏朝鮮的社會下，畢竟是無法保持長命的吧！期盼黨爭根絕的熱望可以說反而使退溪的學問更加傾向於自省修養。（《日本朱子學と朝鮮》二五三、二五四頁）

闇齋與退溪在學問上的不同處特別顯著的有下面幾點，第一、闇齋與退溪不同，十分重視名分，尤其重視君臣之分。闇齋與退溪都以敬爲學問的宗旨，所以他們對於以敬爲切要之物的明初朱子學者薛敬軒的學問評價很高，敬軒對於出仕異朝而致力於普及朱子學的許魯齋的進退問題沒有作任何的批判，退溪也隨著他而沒有採取批判的態度，可是，我們前面也說過，闇齋因爲基於《春秋》的大義來明辨華夷之別，所以自然對魯齋採取了批判的態度。第二、闇齋站在《春秋》的大義名分的立場而擁有民族主義思想，結果，從朱子學的觀點出發接近神道而提倡神儒一體說，退溪則缺少這種民族主義的色彩。第三、闇齋對產業技術、科學技術方面的學問，也就是所謂的實學非常關心，曾經致力於這方面的編著工作，退溪對實學的關心不如闇齋。第四、在考據考證方面，闇齋優於退溪。二人雖然都尊信朱子學，都致力於藉著對朱子的人倫的深切體認來把握他的形而上學、本體論，但是，二人之間仍然不能說沒有上面這些差異。幕末崎門學者楠本碩水曾經提到二人在朱子學上的差異說，「闇齋窮究朱子之學，退溪善學朱子之道，皆元明諸儒所不能及也」（《碩水遺書》、〈隨得錄〉三）。

一七、垂加神道

　　前面也提到過，寬文五年（1665）闇齋接受會津藩主保科正之的招聘前赴江戶作客。一日，神道家吉川惟足的門人，也是正之的家臣服部安休在正之面前講論《易》的太極時說，「無國常立尊則天地之理不備」，闇齋聽到這個話而覺悟神道是不可輕視的。不久，闇齋赴伊勢，跟從外宮權禰宜、度會延佳學習伊勢神道，這就是闇齋成爲神道家的契機了。前面也說過，闇齋自幼就懷有敬神之心，這大概與自祖父以來山崎家族的敬神心篤厚有關。寬文元年（1661）十一月，闇齋參詣山城的向日神祠，聽神主六人部權少副講述向日神道，寬文九年（1669）秋天，通過度會延佳的介紹，從他的弟子大宮司河邊精長那裏接受中臣祓的傳授。延佳的神道稱天御中主神爲明理本源之神，採儒敎的易理及《中庸》之說，闡明了伊勢神道的中極之道。寬文十一年（1671）闇齋於江戶從幕府的神道方惟足那裏接受唯一宗源的傳授，唯一宗源又稱理學神道，敎義以心爲本，以守義練武、治國平天下爲要旨。同年十二月，從惟足那裏接受卜部神道的極秘傳神籬磐境的傳授，並受贈自筆的垂加靈社的神號。此外，又從山鹿素行的門人石手帶刀那裏接受了忌部神道的傳授，這個神道爲江戶初期忌部担齋所開創和提倡，以忌部廣成的《古語拾遺》、忌部正道

的《神代口譯》等爲經典，將三種神器配合智仁勇，以闡明根本宗源的神道爲教旨。除了這些以外，闇齋還研究天祉神道（土御門神道）、賀茂神道、望月家神道、御靈神道等，並加以綜合採納而確立了自己的學說。經典也採用了許多諸家神道的東西，比方說卜部神道的三部本書（舊事記、古事記、日本書紀）、伊勢神道的五部書、忌部神道的八箇祝詞等。闇齋死後，他的門人又將他晚年的著作《神代卷風葉集》和《中臣祓風水草》拿來作爲經典（《類聚傳記大日本史》第八卷，〈山崎闇齋〉）。

我們讀了下面還要提到的「土金之傳」就會知道，闇齋的神道根據了朱子學的解釋，所以，我們可以說他所採取的是神儒一體的立場，因此，許多人一提到垂加神道，不是說它附會宋儒之說，就批評它是折衷神儒的。晚年的闇齋雖然說是提倡神道，可是他並沒有批判朱子學，對朱子學始終尊信不移。因此，正如小林健三氏所說，闇齋的學問可以說是神儒兼學的（《山崎闇齋と其門流》一八頁）。闇齋的門人分爲神道派、儒學派和神儒兼用派的事實正好反映出這一點來。闇齋認爲，《中臣祓》和《代卷》二書中包含有神道之骨髓，由於此二書爲日本僅有之傳，故不必憑藉異國之敎，通過此二書就能把握神道的根本精神（〈土津靈神行狀〉）。因此，雖然有人從宋儒之道的觀點來解釋神道，可是闇齋還是不樂意接受神儒折衷，神佛調和的說法。這從闇齋對絅齋講述的《神代卷講義》中也可以窺知一、二。闇齋在講述土金之傳的時候說，

先日謂土爲五，即土列爲第五之事，見於神代卷，伊弉諾尊斬軻遇突智爲五，乍見之下不知何事，此即以土爲五之

處也。人或以此同於河圖洛書之五，此為附會調和之事，不可也，如眾所皆知，日本之道，自神代以來卽如此相傳，此卽所謂神聖之道不約而同，並無附會之事也，此本不待贅言，順便一提而已。（《續全集》下、〈神代卷講義〉）。

闇齋又提到土生金之事說，

金無不生於土，此為土生金之道也。若以火生土、土生金之説亦來自中土則不可也，此為日本神代之道，非關儒書之説也。（同）

闇齋又論及神道的本地垂迹如下，

有關本地垂迹之事，神道中本迹有二，然自從天台傳教以來，附會佛書，今眾人皆以此出於佛書（同）。權現之事，亦以佛者勸請於神而化身為神，此大誤也。佛書雖有權現之事，然與神道之權現相差甚遠矣！熊野之權現，白山之權現乃權現之始也。（中略）今之權現附會佛書，以為經由和尚之勸請，此大誤矣！（同）

據說谷秦山嘗說，「吾國之神道乃原始開闢之道，不雜一點他國之道。如站在儒教的立場去加以理解的話，旣使於道無害，亦將牽制於儒教之氣象意味而難以達於原始之本意，誠足遺憾也。如堯舜之父子、湯武之君臣等儒教之主要著眼處，於吾國則大為忌

畏，此因根本之道相異難以附會之故也。垂加翁講儒書之際，無
一言有關神道之事，講神道之時，無半句儒書之語，有如處身不
同之講席聽二人講話一樣，最應效法也」（《增補山崎闇齋と其
門流》二一頁）。

　　要言之，闇齋所採取的是神儒兼學的立場，而這種立場可以
說是建立在他以神儒爲一道的信念之上。闇齋說：

> 宇宙間唯一理而已，神人與聖人所生之處雖有「日出處」
> 與「日沒處」之別，然彼此自有妙契之處。吾等不可不深
> 思也（《全集上》《垂加草》第十、〈洪範全書序〉）。

上面闇齋論及到神儒一體，他主張儒教的天人合一之道與神道的
神人唯一之道原是同一理。不過，闇齋因懷抱著民族主義的思
想，所以，對他來說，神儒之間自然而然會產生主賓之別，這應
該是可以理解的事。關於這件事，跡部良顯有下面的敍述，

> 神聖之教以和語講述，旣親切又有深意。口授之味、神言
> 之妙多爲西土之聖賢所未曾有，故祭神、修己、治人之道
> 不假儒道亦自明矣！宇宙間唯神道而已。道理相合之處可
> 以儒道爲輔翼。關於此事，先生（闇齋）已詳細說明，垂
> 教於後世。世人有以先生之學爲非而譏者，此乃出於邪智
> 之醜言，有悖真實求道之心，不足論也（《全集下》、
> 〈續垂加文集序〉）。

不過，良顯雖然反對排神道而獨採儒教的立場，但也不贊成排儒

教而獨採神道的立場，他說這是闇齋的教示（同）。

闇齋曾經提到我們對神道書所應該採取的態度，很值得我們注意。根據《強齋先生雜話筆記》（卷五）中所記，闇齋認為，對神道如果去窮根究理的話就會喪失其本意，所以應該以赤子純樸的心去讀古說，他說：「言，貴在借之於嬰兒也。」也就是說，要以一種淳古樸質、至誠的態度去讀神道書才會產生感應的妙用。闇齋的這種態度是否反而會使神道陷於虛學呢？這種顧慮並不是沒有道理的，因為神道書充滿了神秘的古代傳說，所以並木栗水認為，闇齋講說神道以後，他的學問陷入了虛高之境（《朱子學大系》第十四卷、〈幕末維新朱子學者書簡集〉栗水致楠本碩水書簡），闇齋的門人佐藤直方、三宅尚齋等對老師在神道上的主張採取了批判的態度，這些也都未必是沒有道理的。

闇齋的垂加神道以「土金」為道體（《強齋先生雜話續錄》），並基於儒教的世界觀來解釋神道。其中並不是完全沒有牽強附會的地方，因此遭到了復古神道的批判。闇齋的土金思想是垂加神道的根幹，所謂「土金二者貫通神道之始終，為神道之妙訣，人們最初所感受者也」。土金思想繼承自吉川神道，闇齋在保科正之的碑〈土津靈神碑〉上記述道：「吾神國傳來之唯一宗源之道在土金也」（《垂加文集》三），又在《風葉集》首卷（《續集》上）上說：

> 吾神道之宗源在土金，其傳悉備於此書（《日本紀》）。其於神代卷有專言天者，有專語人者，亦有藉人以談土金，藉天以語人者，天人唯一之道明矣。（中略）吾國之秀、土金之盛、開闢以來，神皇正統永繼綿綿，此為天照

大神之本意，兒屋命、太玉命、村雲命之所護，猿田彥命
之所導，天皇所傳之密旨，當社之遺法也。

闇齋主張，神爲天地之心，人爲天地之神物，故天人合一，
其道之要旨在土金之敬。所以，闇齋非常重視土金之傳。闇齋爲
什麼論及到土金呢？前面也說過，闇齋非常重視敬，他認爲通過
敬可以明白五倫，體認道體。他把敬應用於神道而有土金之說，
他在〈土津神靈碑〉中記道：

> 土即敬，蓋土與敬倭訓相通，藉此以位天地，行陰陽，立
> 人道，其中妙旨皆備於此訓中。

闇齋又說：

> 蓋天地之間，土德翕聚，位於中央，四時因此而行，百物
> 由此而生。此爲倭語之土地之味、土地之務之謂，是以訓
> 讀作敬也（《風葉集》首卷）。

因土與敬讀音相同，故闇齋以爲土即是敬，他把宋儒所說的敬拿
來配土，認爲這是貫通天人、連接上下之道。在《神代卷講義》
裏面，對於土及金的意義有詳細的敍述，根據其中的記載，「土
（つつしむ）」就是「聚土（つちをしめる）」的意思，土聚則
金氣生。沒有土的收聚就無法萌生金氣，而日本自古即以金氣治
國。

闇齋的土金之說後來化分多歧，其中以若林強齋的門人松岡

仲良的土金傳最能傳其正脈，把握其要旨。現在就揭舉如下：

　　土之訓讀如續。金之訓讀如兼、如鍊。
　　凡有土必有金，金藏於土不相離也。故土聚縮必生金，此
　謂土金之道也。土金具備則生人。故人道成於敬也。（中
　略）蓋人體卽為土，人能敬吾身則氣自然而立，至於成熟
　時則與天道合一也。此卽以敬維持天人關係之教也。人能
　敬吾身則凝聚收欽，可以立父子之道，亦可行朋友兄弟之
　道，正如造化收欽一口氣以進行生長收藏也。人道亦因有
　敬而能行親義別序信。土可訓讀作イツチ，亦可讀作五
　ツ。イツチ是固定不動的意思，五為土之數，卽土之位置
　也。人全體卽是土，水火木金四者行於其中。（中略）所
　謂敬就是收氣、慎重而不散漫也（《增補山崎闇齋と其門
　流》引）。

　　土金傳可以說是藉著宋儒的居敬，主一無適之說來解釋土金
的。總之，闇齋是應用了陰陽五行說及居敬說來解釋神道，他要
站在宋儒的道德哲學、經世致用的觀點上來把握神道的要旨。當
時，由於對古語的研究還不徹底，所以，闇齋對土金的語釋有許
多牽強附會的地方，也因此受到了精通古語的平田篤胤等人苛酷
的攻擊。此外，站在純粹儒道的立場來看，闇齋的神道也有被看
成是邪道的可能，仁齋就毫不客氣的批評說，闇齋的神道一不小
心就可能成了破天連。可是，闇齋所以提倡這樣的神道也是站在
民族主義尊崇國體的立場，希望藉此闡明日本人道德的根源。這
是我們必須記在心裏的。

　　論述到此，我想我們大致上已經理解了闇齋的神儒兼學、神儒一體的精神。關於垂加神道，有許多地方必須從神道史上來說明它的特色，在此省略其中詳細部分，僅把要旨提出來，其要旨在闡明天人唯一之理，藉日本精神、民族精神來維持保存，並且尊重國體，確立大義名分，提倡君臣合體。除此無他也。

略 年 譜

和　　曆	西曆	年齡	事　　　　　　　蹟
元和四	1618	1	冬十二月九日，生於京都，母佐久間氏。
寬永元	1624	7	冬十一月，祖父淨泉去世，享年六十八。
二	1625	8	已能暗誦《四書》及《法華八部》。
六	1629	12	因父命號稱清兵衞，至比叡山當小僧。
七	1630	13	因土佐公子之請寓妙心寺，野中兼山勸其讀儒書。
九	1632	15	剃髮爲僧，稱絕藏主。
一三	1636	19	赴土佐吸江寺，與野中兼山、小倉三省交往。
一六	1639	22	作三教一致論。
一七	1640	23	祖母多治比氏去世。
一九	1642	25	自佛教轉向儒教，因以觸怒土佐侯而歸京都，受到兼山的顧愛。
正保三	1646	29	春三月改稱嘉右衞門，號闇齋，字敬義。
四	1647	30	著《闢異》論佛教之非，夏四月編纂《周子書》。

慶安三	1650	33	秋九月，始建祠堂，造祖先神主，祀以文公家禮，多十二月，著《白鹿洞書院揭示集註》。
四	1651	34	赴土佐弔兼山母之喪，助喪事，作〈歸全山記〉，多十一月，著《敬齋箴集註》並付錄。
承應元	1652	35	夏五月，作《家譜》。
二	1653	36	多十二月，娶鴨脚氏。
三	1654	37	秋七月，小倉三省去世，作祭文。
明曆元	1655	38	春，於京都首開講席。
二	1656	39	秋，作《孝經外傳》，多十二月著《感興詩考註》。
三	1657	40	春正月，準備起稿《和鑑》，參詣藤森神社，二月，參拜伊勢神宮，用月參詣八幡宮。
萬治元	1658	41	春正月始遊江戶，執笠間侯弟子之禮，爲侯校正《堯曆》。大洲侯來學。爲公作《省齋記》，編修《加藤家傳》。秋八月歸京都，歸途參宮伊勢，著《遠遊紀行》。
二	1659	42	往返江戶，歸途參宮伊勢，著《再遊紀行》。
三	1660	43	春正月著《武銘考註》。往返江戶。
寬文元	1661	44	往返江戶，途中參詣多賀神社。
二	1662	45	往返江戶。

寛文三	1663	46	改葬祖母於黑谷山，往返江戶。九月與父母參宮伊勢。冬十二月秉山去世。
四	1664	47	春與父母參詣八幡宮，往返江戶。
五	1665	48	三月，遊江戶，被會津侯招聘爲賓師，與侯一同從吉川惟足聽神道講義，從此廣涉神道，秋九月，因會津侯之命編纂《玉山講義附錄》。
六	1666	49	往返江戶。
七	1667	50	往江戶，因病歸，病中編修《洪範全書》。
八	1668	51	往返江戶，歸途參宮伊勢，同年編纂《仁說問答》。
九	1669	52	春三月，因會津侯命編纂《三子傳心錄》。夏五月著《小學蒙養集》《大學啓發集》。秋九月，往伊勢，從大宮司精長那裏接受神道之傳。往返江戶，十二月，爲土佐光起畫父親之壽影。
一〇	1670	53	校正《近思錄》，排斥葉氏《集解》復朱子之舊。
一一	1671	54	母佐久間氏去世，秋八月遊江戶，冬接受吉田神道，十一月號垂加，同月參詣藤森神社，十二月歸京。
一二	1672	55	夏五月著《中和集說》，六月著《性論明備錄》。秋八月，遊江戶，赴會津，冬十一月編纂《會津神祉志》，十二

月，會津侯去世。

延寶元	1673	56	赴會津參列會津侯葬式，爲侯作〈壙志〉、〈行狀〉、〈碑銘〉，夏六月歸京都，退居家中教授子弟。同年著《程子》、《張子書抄》。
二	1674	56	冬十月，父淨因去世。
五	1677	60	春正月，著《朱易衍義》。
七	1679	62	冬十一月著《周書抄略》。
八	1680	63	秋，著《朱書抄略》。
天和二	1682	65	春罹病，病中仍校訂《四子抄略》《文會筆錄》諸書。秋九月十六日去世。葬於紫雲山新黑谷先祖之墓側。門人春原信直於下御靈社境內立祠，後合祀於庚申祠。

著述目錄

(1) 山田思叔《闇齋先生年譜》所載

〔著 書〕

四書序考四卷

白鹿洞書院揭示集註一卷

朱子齋居感興詩考註一卷

文會筆錄二十卷

葬祭儀略一卷

六經名考一卷

敬齋箴集註幷附錄一卷

武銘考註一卷

大和小學二卷

垂加草十卷　又有垂加文集若干卷、
享保年中、跡部良賢等所編次

遠遊紀行一卷

本朝改元考一卷

題辭一卷

風水鈔一卷

元元集美言一卷

再遊紀行一卷

神代卷風葉集九卷

中臣祓風水草十一卷

中臣祓傳一卷

玄義講習一卷

〔編 書〕

小學蒙養集三卷

孝經外傳一卷

性論明備錄一卷

中和集說一卷

洪範全書六卷

周程張朱書抄略各三卷

朱子訓子帖附錄一卷

大學啓發集幷序例七卷

仁說問答一卷

眞西山孟子要略附錄一卷

朱易衍義三卷

周子書一卷

沖漠無朕說一卷

社倉法一卷

鬪異一卷   大家商量集二卷

魯齋考二卷   刑經一卷

　　〔校正書〕

四書五經   濂洛關閩書數十卷

　　〔闇齋の協力で會津侯が編集したもの〕

玉山講義附錄三卷   伊洛三子傳心錄三卷

二程治教錄二卷

(2) 池上幸二郎《續山崎闇齋全集》下所載

　　〔著　書〕

垂加草全集三十卷附錄三卷   垂加文集十四卷

文會筆錄二十卷   大和小學不分卷

魯齋考二卷   遠遊紀行一卷

再遊紀行一卷   本朝改元考一卷

經名考一卷   四書六經名考一卷

櫻弁   闇齋先生遺文一卷

　　〔校刻訓點〕

小學本註二卷   四書十四册

近思錄十四卷   周易本義十二卷附序例一卷

易學啓蒙四卷   蓍卦考誤一卷

孝經刊誤一卷

　　〔表彰書〕

白鹿洞書院學規集註一卷   敬齋箴一卷

感興詩考註一卷   白本感興詩一卷

武銘一卷   仁說一卷

仁說問答一卷   性論明備錄一卷

沖漠無朕說一卷   朱子訓子帖一卷

拘幽操一卷

薛文清策目一卷

朱子奏劄一卷

〔編次書〕

小學蒙養集三卷

孝經外傳一卷

朱易衍義三卷

中和集說一卷

周書抄略三卷

程書抄略三卷

朱書抄書三卷

朱子社倉法一卷

〔神道書〕

風水草三卷

神代卷口義一册

舍人親王事並系圖白筆本

中臣祓大事一張

三科祓事一通

垂加中訓一册

龍雷傳一册

玄義講習一卷

中臣祓傳一卷

次第記葦水草一册

〔叢書・講義筆記〕

垂加靈社叢書十二册

敬齋箴講義

小學講義

朱子訓蒙一卷

責沈文一卷

山北紀行一卷

大學啓發集六卷序例一卷

洪範全書六卷

周子書一卷

孟子要略一卷

張書抄略三卷

二程造道論二卷

闢異一卷

大家商量集二卷

風水集五卷

口授持授編一册

闇齋中臣祓秘訣一册

中臣祓風水鈔一册

垂加翁神說一册

土金傳一册

元元集美言一卷

伊勢二所大神宮御鎭座

神書雜纂自筆本

大學講義

山崎先生語錄

大學章句或問講義

〔井上侯・會津侯編纂書〕

堯曆一卷　　　　　　　　玉山講義附錄三卷

伊洛三子傳心錄三卷　　　二程治敎錄二卷

會津風土記一卷

〔存疑仮託書〕

刑經一卷　　　　　　　　四書序考四卷

朱子知行書一册　　　　　西銘解一册

朱子讀書之要一册　　　　太極圖說解一册

雲谷記一册　　　　　　　五友詩一册

城南雜錄一册　　　　　　八景詩一册

葬祭儀略一卷　　　　　　題辭一卷

朱子行狀一册　　　　　　夙興夜寐箴一册

不自棄文一卷　　　　　　孝經一册

盍徹問答一册　　　　　　盍徹論一册

〔附錄・附記〕

吾學紀年一卷　　　　　　闇齋先生肖像一幅

　　闇齋に關する主たる資料は、日本古典學會發行の《山崎先生全集》
上下二册、《續山崎先生全集》上中下三册に收錄されている。

附卷末資料

1 山崎家譜

　曾祖考、姓山崎氏、號淨榮、播州人、不記其生卒年月、歿日十三日
也、妣、慶長十四年己酉秋八月六日、歿於播州三木、生子三人、男二人
女一人、皆幼而孤、長男、祖考也、次男、早亡、季女、慶長年中、死於
播州大坂矣、祖考、號淨泉、少稱又四郎、自二十四歲、仕正二位木下肥
後守家定茂叔淨英法印、慶長十一年丙午夏四月、法印命呼又左衞門、弘
治三年丁巳、生於播州宍粟郡山崎村、寬永元年甲子冬十一月二十二日癸
酉、歿於洛陽、葬於知恩寺、享年六十八、妣、姓多治比氏、名良、號妙
泉、永祿五年壬戌秋九月九日庚寅、生於播州西生郡中嶋村、寬永十七年
庚辰春正月九日辛卯、歿於洛陽、合葬於知恩寺、享年七十九、男子三
人、長男父君也、次男、小字六藏稱六右衞門、季男、初稱八右衞門、後
呼半右衞門、父君、天正十五年丁亥夏五月四日壬辰日出時、生於泉州岸
和田、延寶二年甲寅冬十月二十一日辛亥酉下刻、歿於洛陽、二十七日夜
合葬於黑谷山、享年八十八歲、名長吉、小字鶴千代、自十一歲、侍法印
側、十九、法印命呼淸三郎、法印薨、仕其嗣從五位宮內少輔利房、時年
二十三、宮內命呼淸兵衞、宮內喪位三年、從之能奉之、宮內復位而去
之、自稱三右衞門、時年三十二、四十四再仕、宮內命呼淸右衞門、四十
七復去、稱三右衞門、其後窮居、五十五、號淨因、母君、姓佐久間氏、
名舍奈、天正九年辛未巳冬十月、生於近之江州安比路、寬文十一年辛亥
二月二十一日午中刻、歿於洛陽、二十七日質明、葬於黑谷山、享年九十
一歲、生子四人、男女各二人、長男、慶長十七年壬子冬十月晦日庚寅、

生、夭、次女、二十年夏五月九日乙卯卯時、生、名鶴、嫁某氏、寬文十
年庚戌六月二十二日卯初刻、死於洛陽、二十四日夜、葬於黑谷山、享年
五十六、次女、元和三年丁巳春三月朔日丙寅寅時、生、名玉、嫁某氏、
寬文四年甲辰閏五月十一日申下刻、死於洛陽、十五日質明、葬於黑谷
山、享年四十八、季男、嘉也、四年戊午冬十二月九日甲子亥時、生、小
字長吉、甫母君夢、參比叡坂本兩社神、拜於鳥居前、時老翁折梅花一
枝、與之、母君戴之、納於左袖、而孕焉、四人皆生於洛陽、六右衞門、
文祿四年乙未夏六月十日辛亥、生於播州姬路、寬永八年辛未冬十二月五
日甲戌、死於洛陽、享年三十七、叔母、姓安田氏、男子一人、稱太郎兵
衞、其子曰源太郎、半右衞門、慶長四年己亥春正月晦日庚戌、生於大
坂、寬永二十年癸未夏四月十八日辛巳、死於洛陽、葬於知恩寺、寬文三
年二月六日、改葬於黑谷山、享年四十五、無子、父君曰、先君性正直、
有武志、自少持古筆三社託宣一幅、深護之、朝夕誦之、將拜覽、必盥
漱、着道服袴、掛之、吾等幼時、或觸之、則叱之、吾亦依先君命、自少
誦之、乃賜其古筆於嘉焉、祖妣、性嚴寡言、飲食有節、嘗謂嘉姊弟云、
諺有之、身一錢目百貫、汝等勿傷目、而善習字、不識字、則與無目者同
焉、信哉言也、夫有手而無目、不能執物、有足而無目、不能行路、有書
而無目、不能讀之、有目亦不識字、亦不能讀書、不能讀書、則瞀瞀然、
莫知所向、與無目者、何異、目百貫之言、不亦可乎、善習字之訓、不亦
宜乎、家君窮居貧乏之時、祖考妣無恙、嘉姊弟方幼、養老育幼、其劬
勞、非他人所堪也、父君、性正直謙遜、人皆悅之、母君性嚴、雖甚愛我
等、然好慢遊放飲食、則未嘗不呵嘖、常誠、鷹儀不啄穗、士夫之子、當
尚志也、寬永六年己巳、嘉十二歲、父君命呼清兵衞、正保三年丙戌春三
月五日壬子、以父君命、復本氏、而以嘉爲名、字曰敬義、以闇號齋、稱
呼加右衞門、慶安三年庚寅秋、作先祖神主、九月二十二日癸酉、始之、
晦日成、二十五旦、父君語嘉曰、前夜夢、神謂吾曰、自今而後、以忠平
呼汝也、嘉嘆其孝感、二十七日夜、嘉夢幽都明都幽明室七字、神主之

奉、用家禮行之、扁曰耆存、家君曰參、嘉亦侍焉、父君平居無事、從容
乎庭樹之間、時使從嘉小子讀小學書及嘉詩文、聞而樂之、五年之夏五月
辛未朔、父君壽誕日、子男嘉謹識

2 闇齋先生年譜　　平安　山田連思叔述

先生姓山崎氏。諱嘉。字敬義。闇齋其號。又號垂加。稱嘉右衛
門。幼名長吉。後更清兵衛。其先播磨國宍粟郡山崎村人。按家
譜。曾祖淨崇。播州人。祖淨泉。稱又左衛門。仕于備之木下氏。如多治比
氏。考淨因。稱三右衛門。泉州人。聚仕。後退隱京師。以鍼醫爲業。如佐
久間氏。

元和四年戊午。冬十二月九日甲子。先生生於京師。母佐久間氏。嘗
夢賽叡巖祠。有老翁折梅花一枝以與。受而置之左袖中。旣而有娠生先
生。

七年辛酉。四歲。先生幼穎悟。大母多治比氏常訓之曰。兒須識字。
有目不識字。與無目同。故諺云。身直一錢。目直萬錢。言得可以讀書學
問也。

九年癸亥。六歲。嘗從羣兒戲。有人擧菓子示之曰。汝曹各奏其能。
吾將與之。羣兒或歌或舞。其人輒與之。先生獨無所奏。其人不與。先生
乃大號泣。其人卽與之。曰止。先生不敢受。曰非欲得之。人皆有所能。
我獨亡。故不勝憤耳。

寬永元年甲子。七歲。冬十一月太父淨泉君沒。

二年乙丑。八歲。先生是時旣誦四書及法華八部。時人異而稱之。

六年己巳。十二歲。以父命更稱清兵衛。先生稍長驚悍無所憚。每遊
堀河橋。持長竿擺行人。墜於橋下以爲戲。淨因君僦居下立賣堀河衖。父老
謂淨因君曰。此兒爲里中累數矣。宜逐之。淨因君乃託諸比叡山。將以爲
僧焉。其在山也。常袖書卷。雖延客供茶之際。得少間輒出而讀之。

七年庚午。十三歲。先生竊讀天台秘書。略曉大意。一夜在佛堂誦
經。哄然而笑。師怪問。答曰。瞿曇說慌何爾。時土佐公子某來居妙心

寺。稱大通院。字湘南。有識鑒。一日遊比叡山。見先生神彩秀逸。乃請
而俱歸妙心寺。會野中兼山來訪寺主。一見先生大奇其才。乃勸讀儒書。
先生幼時負才驕傲。不肯從人指導。以故人皆嫉之。或謂之曰。如作詩非
有師承不能得。先生曰。余則師李杜蘇黃。彼用平處。余亦用平。彼用仄
處。余亦用仄。如此而足矣。聞者益疾。小倉三省亦悅先生超脫不羣。惜
其陷緇徒云。

九年壬申。十五歲。在妙心寺。薙髮爲僧。稱絕藏主。一日與儕輩辨
論。理屈詞窮。至夜潛入其寢室。火紙帳而去。或傳。一僧舉所謂入火不燒。
入水不溺之語。以誇張其說。先生心不能服。乃覘其就寢。入火紙帳云。又嘗有
一僧。常忌先生之才。聞其疾泄利。欲乘以凌辱。至則先生方倚壁跨廁
馬。誦書不輟。僧知不能當而歸。寺主嘗欲逐先生。先生聞之。大號曰。
果爾吾將灰寺宇。寺主懼而止。他日就寺主。借中峯廣錄。寺主云。徒務
涉獵。不通其義。竟無益耳。先生曰。諾。一月而還之。寺主試舉首卷。
問記幾段。先生背誦盡卷。不爽一字。且疑難處詳說其義。至次卷亦皆如
此。寺主驚服。又讀五燈會元。三日而卒業云。

十三年丙子。十九歲。遊學土佐。在吸江寺。與野中兼山。小倉三省
友善。先生在吸江寺。蓋擬爲嗣主。○本集歸全山記曰。余與良繼友善。又哭三省
文曰。友人小倉三省。忽焉而亡。交通之情。同志之樂。已矣已矣。按三省長先生
十四歲。兼山長先生三歲。

十六年己卯。二十二歲。在土佐作三敎一致論。當時僻境乏書籍。人
或得大學或問而讀之。知有小學之書。求諸三都及長崎。不得。後得之大
津。野中兼山等大喜。使先生作解。先生旣起稿。比至明倫。偶得句讀本
於對馬島。乃焚其稿。

十七年庚辰。二十三歲。春正月太母多治比氏沒。

十九年壬午。二十五歲。逃佛歸於儒。土佐侯不悅。於是歸於京師。
先生前是讀朱子之書。旣覺佛之非。然猶持戒。及聽谷時中講中庸首章於
野中氏。斷然歸儒。無所顧慮。是日主人預命司廚云。今日不必別設素

饌。藏主至亦必不辟魚肉。果如其言。侯聞而不悅。以其擅破僧戒。亂寺法。將逐之。棄山深嘉其志。愛其才。數請侯原其罪而留之。不聽。遂逐之。於是先生歸於京歸。無所依歸。棄山憐之。爲買宅於佳屋街居之。且致粟百石。又屬生徒六七人。以受其學。按先生歸京後。時遊土佐。寓永田宗意家。又之本山鄉。講學有年云。今無年月可考。故不備記焉。本山鄉。野中氏采地。

　正保三年丙戌。二十九歲。春三月更稱嘉右衛門。號闇齋。字敬義。按先生歸正後稱淸兵衛。至此更稱嘉右當門也。前述多欠詳明。不言異同。今考其事跡。當如此。

　四年丁亥。三十歲。着闢異。謂道綱常而已矣。彼旣廢之。則其敎之非。不辨而明矣。後世學不講。人不知綱常之所以不可廢。世所謂儒者識見汙下。徒務記覽。苟爲詞章。而不知所以明之。是以彝倫斁。而不惑於佛氏之敎者鮮矣。夏四月。編周子書成。

　慶安二年己丑。三十二歲。秋九月始設祠堂。製祖先神主。奉祀一遵文公家禮。冬十二月白鹿洞書院揭示集註成。

　四年辛卯。三十四歲。先是編周子書。猶疑合其本意與味。至是一夕夢寐之間見周子。乃問曰。大極圖說晦菴解。無違尊意否。曰。不違。又問第一圈中有點者。得無非尊意乎。周子頷之。秋如土佐。弔野中棄山母秋田氏之喪。且助其喪事。爲作歸全山記。冬十一月。敬齋箴集註并附錄成。

　承應元年壬辰。三十五歲。夏五月作家譜。

　二年癸巳。三十六歲。冬十二月先生娶鴨腳氏女。按先生又嘗買一妾無子。世或以林山三郎敬勝爲先生嗣者誤。

　三年甲午。三十七歲。秋七月小倉三省卒。先生痛惜。作文遙祭。

　明曆元年乙未。三十八歲。春始開講筵於京師。四方遊學之士。靡然鄉風。其講經先小學。次近思錄。次四書。次周易本義。及程傳。至明年冬十二月而畢云。其敎人常執一杖擊講座。音吐如鐘。顏色尤厲。聽者凜

然。莫敢仰視。其解義略舉要領。取易解耳。

二年丙申。三十九歲。秋八月孝經外傳成。冬十二月感興詩考註成。

三年丁酉。四十歲。先生嘗言。吾不踰四十。而覺有所得。實賴朱子之功也。是歲春正月先生欲作大和鑑。及將起草。謁藤森祠。作詩曰。親王強識出羣倫。端拜廟前感慨頻。渺遠難知神代卷。心誠求去豈無因。既而燒其稿。蓋以有不滿意也。本集特存其目錄。母后聽政者不入世數。此據唐鑑范氏之論云。二月如伊勢。始拜國祖廟。三月歸京師。是月如八幡。

萬治元年戊戌。四十一歲。春正月始遊江戶。初寓書肆村上勘兵衛家。笠間侯聞而欲召之。使勘兵通其意。先生曰。禮不聞往教。侯有志學。須來學也。侯即日來見。執弟子禮。且約委國政。餽五十口糧。先生為校堯曆為之序。大洲侯亦來學。先生為作省齋記。脩加藤家傳。按前述多言。先生先寓美作守加藤泰義家。後遊事河內守井上正利。今依家譜。笠間侯即正利大洲侯泰義也。秋八月歸京師。道過伊勢。著遠離紀行。

二年己亥。四十二歲。春三月遊江戶。秋八月歸京師。又過伊勢。著再遊紀行。

三年庚子。四十三歲。春正月武銘考註成。先生曰。嘗為武銘考註。當時得儀禮經傳白本。而未得通解。後來得見之。則考註為贅。三月遊江戶。秋八月歸京師。

寬文元年辛丑。四十四歲。春三月遊江戶。道過多賀祠。秋八月歸京師。

二年壬寅。四十五歲。春三月遊江戶。夏五月歸京師。

三年癸卯。四十六歲。春二月改葬組考妣於黑谷山。先是墳在智恩寺山。是月遊江戶。秋八月歸京師。九月同二親及女兄如伊勢。冬十二月野中兼山卒。先生聞而慟哭。兼山才性過人。先生常稱其卓絕。謂方今列國有為者。土佐野中良繼。會津友松氏興二人而已。小倉三省常與兼山友遊。每病其德不及才。時規箴之。及三省既卒無爭友。寖益安肆。且恃屢立殊

功。因極奢靡。先生聞之。每書疏往復。偲偲忠告。初兼山託先生。購茶器於都下。先生曰。大夫之職。惟賢是急。玩物何爲。兼山不悅。遂有疏先生之意。兼山既有嫌於先生。將絕。遣一辨士極言其說。欲使先生屈服。莫敢復言也。其人呶呶不已。先生瞑目而坐。不接一語。言訖。徐曰。若爾亦好。神氣自若。其人不覺氣沮神裭。後其人每舉此事。云少年爲客氣所使。今思之汗浹背。異日先生念其舊恩。折節通問。兼山不報。識者惜其知人之不終云。

四年甲辰。四十七歲。春三月同二親友女兄如八幡。是月遊江戶。夏四月辛酉聞女兄疾。五月丙寅歸京師。中間纔四日。跋涉之勞可知矣。閏五月丁姐阿玉憂。

五年乙巳。四十八歲。春二月新造居室。先生移居。家譜無所見。三月遊江戶。應會津侯左中將源公諱正之之聘。往。不仕。侯以爲賓師。餼一百口糧。先生從吉川惟足。受卜部家神道。侯壯年專攻儒教。又欲究所謂神道。未得其人。後聞有吉川惟足者精其道。居鎌倉。遣服部安休就學焉。既得大旨而歸。侯悅其說。遂招惟足於江戶。而親學焉。先生亦嘗信本邦之教。粗得其傳。至此與侯意不謀而合。於是侯有聞其講說。使先生侍坐以定可否焉。先生崇其道特甚。其意以爲本邦與支那。雖異域殊俗。而其道無二致焉。抑我神代之古也。猶彼三皇之世也。我神武之皇圖也。猶彼唐堯之放勳也。嘗言宇宙唯一理。神聖之生。雖東西異域。萬里懸隔。而其道自有妙契者存焉。是吾人所當敬信也。於是博涉神書。校正諸傳。又着風水風葉等書傳之門人。或云垂加神道。自備成一家之學。秋九月編玉講附錄。成。先生嘗言。玉山講義發揮四子。旁通情也。此爲學者所宜用力而講焉。既因侯命編此書。謂仁智之義。性命之旨。精蘊畢在焉。冬十月。歸京師。侯賜先生。以時服二領。羽織一領。金一百兩。賜父淨因君。以衣服二領。銀五十兩。賜母佐久間氏。以衣服一領。銀三十兩。後以爲常例。

六年丙午。四十九歲。春三月遊江戶。秋九月歸京師。

七年丁未。五十歲。春閏二月遊江戶。夏四月以疾歸京師。病間脩洪
範全書。秋九月成。時先生患癰。醫勸其廢業養疾。門人亦以爲言。先生
弗肯。曰若不了斯事。目不能瞑。校讎愈勗。夜以繼日。書成而疾亦瘳。
嘗請會津侯。令有賀滿辰輔其事云。是歲淨因君八十一。先生因有都都志
免也也曾知比登都茆加米茆宇羅之句。乃於北野菅廟連歌以祈壽祺。

八年戊申。五十一歲。春二月遊江戶。夏五月仁說問答成。秋八月歸
京師。道過伊勢。

九年己酉。五十二歲。春三月作伊洛三子傳心錄序。會津侯之命也。
先生嘗謂程門靜坐之法。楊氏羅氏李氏得之。侯於是編三子傳心錄。侯問
先生曰。今世誰能讀此書。而明此義者。先生曰。福山永田養菴其人也。
爾後侯每見先生。必問養菴無恙。養菴福山儒官。爲人脫灑。人稱爲曾點
之流。其初見先生歸。謂人曰。闇齋豪爽博覽。世無與比。求之古人。指
不多僂。先生英氣高邁。罕有所推。而至養菴。則謂彼才誠不易得也。夏
五月小學蒙養集大學啓發集成。當時讀小學書者。大率皆依陳選句讀。先
生獨不取之。以爲其說已失朱子編輯之旨。且刪本註而亂成書。無忌憚之
甚。因就集成中。取正文及本註。校正以授學者。曰。此書只以朱子舊本
讀之足矣。諸家註解宜勿用也。又編此二書。以資學者之講習。秋九月如
伊勢。受神道之傳於大宮司精長。遂遊江戶。冬閏十月歸京師。十二月令
土佐光起。描淨因君壽影。而爲之贊曰。乾父坤母。一視同仁。家君壽
影。於我尤親。

十年庚戌。五十三歲。夏五月校正近思錄成。先生於近思錄。不取葉
氏集解。別校正一本。以復朱子之舊。六月丁姊阿鶴憂。

十一年辛亥。五十四歲。春二月丁母佐久間氏憂。按家譜。佐久間氏。
以天正辛巳十月生於江州安比路。至此壽九十一。性嚴難甚愛先生。而少有過差。
便痛加呵嘖。每戒云。鷹饑不啄穗。士夫之子當尚志也。生男女各二。長男天。次
先生。長女鶴。次玉亦先沒。秋八月。遊江戶。冬受吉田家神道。十一月號
垂加。蓋取諸寶基本紀所謂神垂以祈禱爲先。冥加以正直爲本之語也。先

生爲之贊曰。神垂祈禱。冥加正直。我願守之。終身勿忒。是月作藤森碑。十二月歸京師。

十二年壬子。五十五歲。夏五月中和集說成。六月性論明備錄成。秋八月遊江戶。遂如會津。冬十一月作會津神社志序。先是會津侯臥疾於江戶。猶請先生日講近思錄。及通鑑綱目等之書。聽之。是月先生聞父病。乃辭而歸京師。十二月會津侯薨。先生慟哭。

延寶元年癸丑。五十六歲。春正月如會津。會侯之葬。三月襄事。遂辭會津。先生自始侍侯。八年於茲矣。侯懿德夙成。威嚴明斷。禮賢下士。其爲學也。從事於誠敬。而知大學之道。及得先生。則其德益進。其治邑也。崇儉抑奢。達下情。問民苦。建社倉。行常平。興廢祀。毀淫祠。禁火化。止殀子。凡倡優異色之人。不許入境。時人稱侯本賢。然先生輔相之力。亦不可誣焉。侯之遇先生。卑辭厚禮。優待極盛。班在國老上。與聞政事。許乘轎抵廳前。常賜坐重茵。先生高其義也。及此會葬。相其儀。誌其壙。撰行狀。作碑銘。嗣君亦善遇先生。先生遂辭糧。夏六月歸京師。自此退處。教授於家。門徒極衆。弟子凡六千人。是歲程子張子書抄略成。

二年甲寅。五十七歲。冬十月父淨因君沒。按家譜。淨因君以天正丁亥夏五月。生於泉州岸和田。至此壽八十八。爲人正直謙遜。人皆悅之。少仕木下氏二世。後辭隱於京師。家固窮乏。養老撫幼。其勞劬非人所能堪也。淨因君處之裕如也。平居無事。從容乎庭樹之間。時攜幼使其誦小學。及先生所作詩文。聞而樂之。

五年丁巳。六十歲。春正月朱易衍義成。先生於周易一用本義。而不混程傳。其所校正。上下經二卷。彖傳。象傳。繫辭傳各二卷。說卦傳。文言傳。序卦傳。雜卦傳各一卷。凡十二卷。冠序例。悉復朱子之舊。更著朱易衍義。首明古易今易之別。次發明啓蒙之旨。次述易道之要領。凡三卷。先生嘗言。余少年時。嘗病渴。每日飲湯。凡二斗餘。疲勞甚不勝起坐。因縛頭柱而讀書。勤學不少廢。或曰。病中豈可如此。宜少弛勤自

愛養。余曰。死生有命。若廢勤。假命長生何益。終弗少怠。然當時自以
爲。如此多病。恐不能至三十。而今已六十餘。尙無恙。身自經歷如此。
故世或言因學生疾。吾不信。

七年己未。六十二歲。冬十一月周書抄略成。

八年庚申。六十三歲。秋朱書抄略成。先生於周程張朱全書。取其尤
切於日用者。部彙爲編。各三卷。名曰抄略。蓋有微意而所別撰云。

天和二年壬戌。六十五歲。春先有疾。猶校訂四子抄略。文會筆錄
等之書。先生於四書五經小學近思錄。及濂洛關閩諸子之書。每有所得。
輒撮錄爲編。題曰文會筆錄。凡二十卷。皆折衷紫陽。語門人曰我學宗朱
子。所以尊孔子也。尊孔子。以其與天地準也。中庸云。仲尼祖述堯舜。
憲章文武。吾於孔子朱子亦竊比焉。而宗朱子。亦非苟尊信之。吾意朱子
之學。居敬窮理。卽祖述孔子而不差者。故學朱子而謬與朱子共謬也。何
遺憾之有。是吾所以信朱子。亦述而不作也。汝輩堅守此意而勿失。秋
九月十六日庚申。先生終於正寢。臨終。盥嗽整服。東向再拜祠堂。晏
然而逝。同月二十日甲子。葬紫雲山新黑谷先塋之側。墓表曰山崎嘉右衛
門敬義之墓。門人春原信直。建祠於下御靈境內以配祀。後有故移祔庚申
祠云。先生恆崇猿田彥。曰吾邦道學之祖。每庚申日。致祭甚謹。因配享
云。或曰。神道肇於猿田彥。成於舍人親王。發揮於垂加。殆無遺蘊矣。
庚申。卽猿田彥祠。○先生爲人豪邁。性稟剛烈。自勉強人。惟日孜孜不
少懈。其待人也甚嚴。粗無投時好徇人情之意焉。門人有廢業惰行者。痛
責之而不少假。或至絕之。其晚年學之所至。行之所成。則非後學所敢議
也。○先生學尙研精不守章句。所見超逸。居常以激勵風節。抑黜百家爲
己任。博涉墳典。折衷紫陽。易則原太古之精義。範則明九峯之全數。凡
自濂洛關閩以下。揚搉表揭。分析經緯。所述以垂世。幾乎數十百卷。而
其所爲歸。不出灑掃應對。忠信篤敬之間。終身持論諄諄言。漢之董。
隋之王。唐之韓。非思不覃也。非語不詳也。唯其不斯之察。所以不臻乎
極。又曰。鄒魯之後。伊洛接其傳。至朱子解孔子之書。明六經之道。是

則述而不作者。吾之所願學也。又曰。聖遠樂亡。經以五名。禮之壞亂亦甚矣。幸朱先生出。易也。詩也。明本義。考末失。書令蔡仲默傳之。禮樂欲正而未成。然黃直卿續儀經傳。蔡季通著律呂新書。春秋以為未學不下筆。寓其微意於通鑑綱目。四書之解。小學之輯。發明眞切。無復遺蘊。朱子實孔子以後一人也。善學者由小學進大學而盡論孟之精微。極中庸之歸趣。則六經可不治而明矣。又曰。朱夫子之後。知道者。薛文清。丘瓊山。李退溪也。文清見識之高。文莊博文之富。朱門之後。無有出其右者。其後特李退溪而已矣。蓋退溪平生之精力。盡在朱子書節要。可以觀其學之醇也。○先生教人。以居敬窮理為學之要。嘗謂門人曰。學之道。在致知力行。而存養。則貫此二者也。漢唐之間。非無知者也。非無行者也。但未曾聞存養之道。則其所知之分域。所行之氣象。終非聖人之徒也。又曰。一高卑。合遠近者。聖人之道也。升高自卑。行遠自近者。聖人之教也。或馳於高遠。或滯於卑近者。皆失之偏也。又曰。入道莫如敬。學者須先持敬。又曰。小大之教。皆所以明人倫也。小學立教。教明倫也。敬身。明倫之要也。大學格致。則因小學已知者。而窮極之也。誠正脩。則因小學已行者。而惇篤之也。齊治平。則舉此而措之耳。一以貫之者敬。敬之道其大矣哉。又曰。敬齋箴。是存養之要也。白鹿洞揭示。則教學之法。而大學以來之規也。又曰。今世儒者。自謂學周程。而未曾用一日靜坐之力。甚者謗靜坐。以為異端。學之不講。可歎也。又曰。學者知與行而已。知可博也。不可雜也。可精也。不可鑿也。行可一也。不可二也。可篤也。不可薄也。知行幷進。而可上達焉。又曰。吾竊志於小學。讀書題而知無古今異者。不可不行。然而行之。則未能也。非知之難。行之惟難。小子須以我為戒。又曰。近日自稱學朱子者。誹記誦以蔽己寡聞。謗詞章以蓋己之無文。譏笑陸氏之禁讀書。而其所讀所行。却在陸氏下。此吾人之所宜警省也。此皆先生諄諄誘人之言也。○先生教弟子治經。專用力於正文朱註之間。而不注目元明諸儒之末疏。嘗言自朱註定。而末疏以百數。大全蒙引為互擊。夫陸學者流。仇朱子者。置而

勿論。若大全蒙引。其意固在發明朱註。而昏塞却甚。大全所收程朱之
說。於道雖無害。而間有與經註不合者。學者當先熟讀經註。然後及乎其
全書。則其已詳明經註。又別立議論。或有爲而發。或未定之說。且記錄
之失。刻板之誤。皆可得而明辨之。如諸儒先於先生者。則先生旣辨之。
先生同遊張南軒。呂東萊。門人黃勉齋。蔡節齋。九峯。私淑之士。眞西
山。玉魯齋數人。蓋皆醇乎君子儒也。有餘力則考其言可也。其他諸說。
雖不閱無遺恨也。吾往時無師友之導。反復大全。追尋末疏。自得蒙引。
尊信之不在朱註下。而於其難朱註者。則以爲蒙引後出。介夫旣宗先生。
吾曹何訝之。夫書之後出。勝於前出者。他人之賢者所着也。如朱註豈有
可間然哉。弗思之甚也。況介夫之識。與雲峯定宇相爲伯仲。而蒙引之爲
書。秦延君之三萬言矣乎。又曰。釋詁訓解彌多。正文大註彌闕。實甚於
洪水猛獸之災者也。又曰。朱書之來於本朝。已數百年矣。獨淸軒玄惠法
印。始以此爲正。而未免佛。藤太閤亦以爲。程朱新釋可爲肝心。而猶惑
乎佛。遂不聞有實尊信之者也。慶長元和之際。南浦自謂信之。而亦尊
佛。惺窩自謂尊之。而亦信陸。夫陸之爲學。陽儒陰釋。儒正而佛邪。懸
隔天壤。旣尊此又信彼。則肯菴草廬之流亞耳。豈可謂實尊信者哉。〇先
生於老佛之說。則有闢異之述。於陸王之學。則有大家商量集之編。其言
曰。夫程朱之學。始未得其要。是以出入於佛老。及其反求而得諸六經。
豈用佛老哉。其闢之也。以其有廢綱常之罪也。若有可用之實。無可闢之
罪。而陰用陽闢。則何以爲程朱矣。朱子嘗譏溫公吾排佛欲扶敎之言。則
可以見其不欺我也。又曰。孟子不言乎。能言距楊墨者。聖人之徒也。是
吾所以不敢辭也。朱先生力能與陸辨。闢之廓如也。先生沒後。吳草廬趙
東山之輩出。而再倡陸學。程篁墩王陽明之徒。尋而和之。然以外先生而
難立。故篁墩作道一編。附註心經。陽明爲晚年定論。欲混朱陸以易天
下。陳淸瀾之學蔀通辨。馮貞白之求是編。皆憂之而作。然陳馮未窺先生
之室。則以一酌之水。救崑岡之火。雖勞奚補。又曰。張無垢之學。陽儒
而陰釋。先生雜學辨中論之。又嘗聞張氏經解板行曰。此禍甚酷。不在洪

水夷狄猛獸之下。夫先生未見陸氏也。既聞其宗無垢矣。鵝湖之會。其詳
不可得而考。然誦其詩。亦可以概見焉。其後先生論辨不置。及陸之死。
有死了告子之歎。苟得此集而讀之。則朱陸同異之分。不待他說而明矣。
蔡介夫言。以朱子之正學精義。而不能折服象山氏兄弟於一時之語次。意
亦其雄辨之不如孟子也。介夫此言吾不韙之。夫朱子之於陸氏。猶孟子之
於告子。孟子之於夷之。猶朱子之於李伯諫。則是服與不服在彼耳。豈可
以此方孟朱之辨哉。

論述　　凡十三條

　　佐藤直方曰。竊謂堯舜以來。道學相傳。而至於孔孟。孔孟之後。秦
漢隋唐。其學不傳。至於宋興。周程張朱接其統。而道學復明於世。朱門
之盛。得其傳者。獨黃勉齋。蔡九峯。其餘無聞焉。元明之世。以儒名
者。不可枚舉。而至窺聖學門牆。則方孝孺。薛文清。才二人而已。朝鮮
李退溪。東夷之產。而悅中國之道。尊孔孟。宗程朱。其學識之所造。大
非元明諸儒之儔矣。我邦中古崇儒道。王公以下。學焉者亦多矣。而至道
學。則未知有其說也。其後朱書之來我邦。已數百年矣。讀之者亦豈少
乎。然未聞有識發明道學之正義。而爲萬世不易之準則者。近世獨山崎敬
義先生。讀其書。尊其人。講其學。博文之富。議論之實。識見之高。實
世儒之非所及焉。蓋我邦儒學正派之首唱也。其所著之書行於世。讀者能
達其義。則識先生發揮道學進爲之方以示學者。欲使之不惑其所從之意
焉。韞藏錄討論筆記。

　　淺見安正曰。夫道一而已矣。教亦豈有二哉。但以風土氣習之有異。
教之所施。不得不殊其所向也。古昔聖神宣風通志。因時立教。將以致夫
道之一也。豈有和漢彼是之別耶。我邦所謂神道者亦然。然世之談神道
者。往往墮淺陋而入奇恠。是局於風土氣習。而不知反其本故也以陋傳
陋。習染之久。其弊有不可勝言矣。山崎闇齋先生之於神道。蓋有見於是
矣。是以學習有年。研究精到。以繼往聖之躅。而垂來學之統。門庭既

立。綱維旣張。而間或有擇而不精。語而不詳。未能盡脫舊習。而一新世
俗神學者流之耳目者也。是爲可憾已。然天若假之年。則豈止如是哉。後
之學者其亦知諸。答跡部良賢書

　　三宅重固曰。敬義先生學於儒。而亦信於神。世之學者於是乎疑難不
已。予昔從先生遊。而未與聞其說。固不知所謂神道之源委如何。然嘗竊
謂先生之學識。豈眩於異端邪說者也哉。其意蓋以爲佛之爲說。言無不周
徧。然其實外於倫理。所以爲異端也。若神道則否。立敎設法。或有小異
同。擇粗語略。或時少出入。然要之不外於倫理。豈得與佛氏同爲之異端
哉。我邦固東方之一提土。而有遺敎之可觀如斯。亦凡生此土者。所宜敬
信而遵奉焉也。故與儒幷學。固無害焉。先生門下幷學者衆但學神。而不求
於儒。不足。雖神官者。先生必敎以儒 若專學儒。而不求於神。未爲不足。
門人專學儒。而先生不必敎以神者衆。先生之意。恐如此矣。然則何疑之有。
此予言之所以不疑神道。亦不敢學也。尚齋文集書討論筆記後一文

　　又曰。吾邦僻在乎東方。絕遠乎中國。是以雖知聖經之當讀。而能得
其意者。未嘗聞其人。近世吾山崎先生之興也。以間出之才。獨步之識。
實善因朱子之意。泝聖賢之旨。開其路徑。學者於是反復探索。則其彷彿
亦不可庶幾哉。揭示筆記

　　又曰。闇齋先生有功於世。不可勝言也。今學者。知去邪徑赴正路
者。皆先生之功也。尚齋雜談錄

　　游佐好生曰。闇齋先生爲人。平生無他嗜好。一味志於學。未嘗與俗
人交。雖不足溫和之氣象。志剛而制行不苟。專以明此道爲己任。死而後
止。庶幾乎學不厭。敎不倦者歟。如其志。則不仕藩國。不屈王公。欲誘
引後學。傳此學於將來而已矣。實本邦之一人。而其有功於程朱。則世未
視其比也。與室鳩巢書

　　室直淸曰。山崎氏表章續述之書。多皆爲後世抄略考證之類。朱子之
書。盛行中國。中國儒者。有志理學者。所素傳習而通知。不待表章續述
如此之爲。惟在本朝。首倡正學。崇明朱子之書。則其功固有不可誣者。

至其排大全蒙引等書。以爲支離之言。不使人讀。且謂凡諸經義。折中於
朱子足焉。則其意良善。鳩巢文集下同

　又曰。山崎氏逃佛而歸儒。尊朱氏而黜百家。嚴師道而誘後生。其有
禆於斯道。有不可誣者。亦近世豪傑之士也。然聞山崎氏自處太高。待人
太嚴。少含弘之度。不容人過失。其授受之間。無能平心虛懷。從容委
曲。以盡彼此之情。此其所短也。詩曰。溫溫恭人。維德之基。山崎氏豈
不之思邪。至其晚節好神道。使人失望。爲之嗟嘆不能已耳。

　中村明遠曰。闇齋學術全從宋儒。一信朱子者也。其意以爲自道德性
命之大。至日用事物之細。窮其義理之精微。莫出朱子之右者。而毫無所
容其疑。蓋於朱子經解。及其文集語類等書。大用其力。而反復熟覽。以
有得焉者也。故抄錄其可以爲定說者。而以爲數部書錄。以是爲集註分
疏。亦可謂有功朱子矣。雖博涉史傳百家。亦唯以宋儒爲之權度。其所見
若此而已。但全信宋儒。而不之疑。則自有推之之高鑿之之深。而往往與
文辭上正面背馳。言出於附會者。恐未必爲無也。和韓筆語

　澁井孝德曰。闇齋豪傑也。志行專一。而不顧世之議論。伊藤才藏每
誦父兄之業。以闇齋爲一大敵國云。余始不解其故。迨閱遺集。知有與父
兄之業相依者。豈以是乎知言哉。要今作者。書牘愧虛詞寒喧。序記愧諛
辭溢美。典故愧貪緣牽強。比諸彼順流直下。自然遇回瀨急湍。不可同日
而論也。嗚呼時習之錮人。知非不能改。知善不能徙。死者若可起。雖爲
之執鞭。固所願也。太室文集

　服部保命曰。闇齋先生吾邦道學嚆矢。所宜尸而祝固也。闇齋於朱門
以下元明諸儒。所取不過薛李二人。至其論說。雖薛李時亦從違。何也。
折衷乎紫陽也。闇齋之於紫陽。其如曾子之於孔子。紫陽之於程子乎。可
謂善學矣然而草創之業。有未悉備焉者。佐淺三宅三子踵興。敬義之內
外。湯武之放伐。神道也。華夷也。緒正歸乎至當。亦折衷乎紫陽也。三
子之於闇齋。效闇齋之於元明諸儒。非叛之也。善繼其志也。然則信信疑
疑。守正不囘者。曾朱之意。而四子之業也。蓋闇齋時文運尚鬱。士子窮

一經。研一史。沒生究年。尙猶病焉。矧闇齋豪邁卓絕。罵風叱雨。其於
經業不必屑屑考覈。三子正而救之。庸得已哉。答其淵遷叔書

又曰。吾邦倡伊洛之學者。林羅山崛起倡初。而山崎闇齋。仲村惕
齋。室鳩巢。相繼而興者也。蓋林氏博洽強記。倡首之功。可謂偉矣。仲
氏之學。醇而能博。操守亦固。但所見未遒上。室氏文辭。卓越乎諸子。
見道略明。而操守或不足。如崎氏。則立志之高。見道之明。直欲咀嚼程
朱之骹而後已者。要非拘拘世儒之比也。英邁之資。行或不掩。欠功章
句。故多踈略。晚又唱所謂神道者。是崎門所以爲世所誚也。而仲氏徒。
委靡不振。鳩巢之門。或流詞章。學者可弗思哉。吾邦四先生論。又夏五說
成詩曰。逃佛奔馳將絕塵。高明直逼考亭真。誰言白璧無微瑕。仍是東方第一人。
仲子紛論經業成。室該文藝更鏘鏘。欲尋河洛淵源處。好采三家子細評。併附於此。

尾藤孝肇闇齋先生肖像贊曰。洙泗微言。閩洛至論。剖析敷暢。以闢
斯文。陰陽仁義。禮樂鬼神。靡所不究。以啓後人。於戲斯翁。儒林之
宗。

書闇齋先生年譜後

自朱學之傳於吾邦。深其道者。未有若吾闇齋先生也。而其歿也。自
高足弟子。未有撰其行實而成篇者。豈其造詣有不易言者乎。洎於近世。
撰著家有一二編述。景仰之意則可嘉。而或過於浮誕。或失於拙澁。文獻
之徵。不足以傳萬一也。山田君思叔憂之。於是有年譜之作。蓋其先子靜
齋君。謝學京師。亦私淑諸先生者。而思叔自蚤從事家學。致思於敍述。
廣訪旁索。殆三十年。本之先生手筆之家譜。參之諸家所撰之傳記。繫年
以總其事。比事以覈其實。傳信闕疑。其所探錄。無一無確據。而不敢以
己意前却。其間又別錄其遺事可存者。爲若干卷爲以附之。夷考撰述之
書。未有如此之核實而可傳者也。思叔之勤。於是乎爲足錄於先生之門
焉。因書其後。

天保九年九月望　　　　　　　　　　　後學若州山口重昭跋

人 名 索 引

世界哲學家叢書 (一)

書　　　　　名	作　　者	出　版　狀　況
董　仲　舒	韋　政　通	已　出　版
程顥、程頤	李　日　章	已　出　版
荀　　子	成　中　英	撰　稿　中
王　陽　明	秦　家　懿	已　出　版
王　　弼	林　麗　真	撰　稿　中
陸　象　山	曾　春　海	撰　稿　中
陳　白　沙	姜　允　明	撰　稿　中
劉　蕺　山	張　永　儁	撰　稿　中
黃　宗　羲	盧　建　榮	撰　稿　中
周　敦　頤	陳　郁　夫	撰　稿　中
王　　充	林　麗　雪	撰　稿　中
莊　　子	吳　光　明	排　印　中
老　　子	傅　偉　勳	撰　稿　中
張　　載	黃　秀　璣	已　出　版
王　船　山	戴　景　賢	撰　稿　中
韓　非　子	王　曉　波	撰　稿　中
顏　　元	楊　慧　傑	撰　稿　中
墨　　子	王　讚　源	撰　稿　中
邵　　雍	趙　玲　玲	撰　稿　中
顧　炎　武	古　偉　瀛	撰　稿　中
李　退　溪	尹　絲　淳	撰　稿　中
賈　　誼	沈　秋　雄	撰　稿　中
李　栗　谷	宋　錫　球	撰　稿　中

世界哲學家叢書㈠

書　　　　　名	作　　者	出　版　狀　況
董　　仲　　舒	章　政　通	已　　出　　版
程　顥、程　頤	李　日　章	已　　出　　版
荀　　　　　子	成　中　英	撰　　稿　　中
王　　陽　　明	秦　家　懿	已　　出　　版
王　　　　　弼	林　麗　真	撰　　稿　　中
陸　　象　　山	曾　春　海	撰　　稿　　中
陳　　白　　沙	姜　允　明	撰　　稿　　中
劉　　蕺　　山	張　永　儁	撰　　稿　　中
黃　　宗　　羲	盧　建　榮	撰　　稿　　中
周　　敦　　頤	陳　郁　夫	撰　　稿　　中
王　　　　　充	林　麗　雪	撰　　稿　　中
莊　　　　　子	吳　光　明	排　　印　　中
老　　　　　子	傅　偉　勳	撰　　稿　　中
張　　　　　載	黃　秀　璣	已　　出　　版
王　　船　　山	戴　景　賢	撰　　稿　　中
韓　　非　　子	王　曉　波	撰　　稿　　中
顏　　　　　元	楊　慧　傑	撰　　稿　　中
墨　　　　　子	王　讚　源	撰　　稿　　中
邵　　　　　雍	趙　玲　玲	撰　　稿　　中
顧　　炎　　武	古　偉　瀛	撰　　稿　　中
李　　退　　溪	尹　絲　淳	撰　　稿　　中
賈　　　　　誼	沈　秋　雄	撰　　稿　　中
李　　栗　　谷	宋　錫　球	撰　　稿　　中

世界哲學家叢書(二)

書　　　　　名	作　　　者	出　版　狀　況
孟　　　　　子	黃　俊　傑	撰　稿　中
朱　　　　　熹	陳　榮　捷	撰　稿　中
王　　安　　石	王　明　蓀	撰　稿　中
袾　　　　　宏	于　君　方	撰　稿　中
宗　　　　　密	冉　雲　華	排　印　中
方　　以　　智	劉　君　燦	撰　稿　中
吉　　　　　藏	楊　惠　男	撰　稿　中
玄　　　　　奘	馬　少　雄	撰　稿　中
龍　　　　　樹	萬　金　川	撰　稿　中
智　　　　　顗	霍　韜　晦	撰　稿　中
竺　　道　　生	陳　沛　然	排　印　中
慧　　　　　遠	區　結　成	排　印　中
奎　　　　　英	成　中　英	撰　稿　中
僧　　　　　肇	李　潤　生	撰　稿　中
西　田　幾　多　郎	廖　仁　義	撰　稿　中
伊　藤　仁　齋	田　原　剛	撰　稿　中
貝　原　益　軒	岡　田　武　彥	已　出　版
山　崎　闇　齋	岡　田　武　彥	排　印　中
山　鹿　素　行	劉　梅　琴	撰　稿　中
吉　田　松　陰	山　口　宗　之	撰　稿　中
休　　　　　靜	金　煐　泰	撰　稿　中
知　　　　　訥	韓　基　斗	撰　稿　中
元　　　　　曉	李　箕　永	撰　稿　中

世界哲學家叢書 (四)

書　　　　　名	作　　　者	出 版 狀 況
聖奧古斯丁	黃維潤	撰　稿　中
聖多瑪斯	黃美貞	撰　稿　中
梅露・彭廸	岑溢成	撰　稿　中
黑格爾	徐文瑞	撰　稿　中
盧卡契	錢永祥	撰　稿　中
亞里斯多德	曾仰如	撰　稿　中
笛卡兒	孫振青	撰　稿　中
盧梭	江金太	撰　稿　中
馬庫色	陳昭瑛	撰　稿　中
馬利丹	楊世雄	撰　稿　中

世界哲學家叢書 (三)

書　　　　　名	作　　者	出　版　狀　況
狄　　爾　　泰	張　旺　山	已　　出　　版
哈　伯　馬　斯	李　英　明	已　　出　　版
巴　　克　　萊	蔡　信　安	撰　　稿　　中
呂　　格　　爾	沈　清　松	撰　　稿　　中
柏　　拉　　圖	傅　佩　榮	撰　　稿　　中
休　　　　　謨	李　瑞　全	撰　　稿　　中
胡　　塞　　爾	蔡　美　麗	撰　　稿　　中
康　　　　　德	關　子　尹	撰　　稿　　中
海　　德　　格	項　退　結	撰　　稿　　中
洛　　爾　　斯	石　元　康	撰　　稿　　中
史　　陶　　生	謝　仲　明	撰　　稿　　中
卡　　納　　普	林　正　弘	撰　　稿　　中
奧　　斯　　汀	劉　福　增	撰　　稿　　中
洛　　　　　克	謝　啓　武	撰　　稿　　中
馬　　塞　　爾	陸　達　誠	撰　　稿　　中
約　翰　彌　爾	張　明　貴	已　　出　　版
卡　爾　巴　柏	莊　文　瑞	撰　　稿　　中
赫　　　　　爾	馮　耀　明	撰　　稿　　中
漢　娜　鄂　蘭	蔡　英　文	撰　　稿　　中
韋　　　　　伯	陳　忠　信	撰　　稿　　中
謝　　　　　勒	江　日　新	撰　　稿　　中
馬　　克　　思	許　國　賢	撰　　稿　　中
雅　　斯　　培	黃　　　藿	撰　　稿　　中